▶▶ 外研社 · 供高等学校日语专业使用

新经典日本语

基础教程 第一册 ◀ 同步练习册

第三版

总主编 / 于 飞

主 审 / 修 刚 陈 岩 石川守〔日〕
　　　 川口义一〔日〕

主 编 / 王 猛 黄一峰 吕 萍 于 飞

副主编 / 胡小春 安 月 张浩然

外语教学与研究出版社
北京

图书在版编目（CIP）数据

新经典日本语基础教程第一册同步练习册 / 王猛等主编；胡小春，安月，张浩然副主编. —— 3 版. ——
北京：外语教学与研究出版社，2023.11
（新经典日本语 / 于飞总主编）
ISBN 978-7-5213-4908-5

Ⅰ. ①新… Ⅱ. ①王… ②胡… ③安… ④张… Ⅲ. ①日语－高等学校－习题集 Ⅳ. ①H369.6

中国国家版本馆 CIP 数据核字 (2023) 第 219771 号

出 版 人　王　芳
项目策划　杜红坡
责任编辑　庞梦漱
责任校对　杜梦佳
装帧设计　彩奇风
出版发行　外语教学与研究出版社
社　　址　北京市西三环北路 19 号（100089）
网　　址　https://www.fltrp.com
印　　刷　三河市紫恒印装有限公司
开　　本　889×1194　1/16
印　　张　11.5
版　　次　2023 年 11 月第 3 版　2023 年 11 月第 1 次印刷
书　　号　ISBN 978-7-5213-4908-5
定　　价　45.00 元

如有图书采购需求，图书内容或印刷装订等问题，侵权、盗版书籍等线索，请拨打以下电话或关注官方服务号：
客服电话：400 898 7008
官方服务号：微信搜索并关注公众号"外研社官方服务号"
外研社购书网址：https://fltrp.tmall.com

物料号：349080001

第三版序

近年来，随着我国现代化进程的持续深入与高等教育水平的不断提高，我国高等院校外语专业在人才培养模式、课程设置、教学内容、教学理念与教学方法等方面发生了很大变化。为了适应新时代的教学需求，在对全国不同类型院校日语专业教学现状进行调研的基础上，大连外国语大学和外语教学与研究出版社共同组织中日两国专家和一线教师，编写了"新经典日本语"系列教材。

本系列教材自出版以来，得到我国高等院校日语专业教师的广泛认可，受到使用院校的普遍好评。为了紧跟新时代日语教育发展的步伐，将党的二十大精神有机融入教材，落实立德树人根本任务，更好地服务于中国高等院校日语专业教学，全体编写人员一致认为有必要对本系列教材再次进行修订。为此，大连外国语大学组织60余名专业教师和9名日籍日语教育专家，在收集整理使用院校意见后，由主编统筹修订方案，专家审订修订内容，编写团队多轮反复修改，历时两年完成了本次修订。本次修订我们重点对教材中解释说明部分的科学性、会话内容与现实生活的结合度、例句的典型性、练习的针对性、录音及情境图示的生动性等进行了深入的研讨，修改了学习目标、句型、注解、解析、导入、练习等板块中的部分内容，替换了非典型例句、与知识点不同步的练习题及不明确的提示图片等。

"新经典日本语"系列教材包括基础教程、听力教程、会话教程、阅读教程、写作教程、高级教程、口译教程、笔译教程，具有以下特色。

一、第三版的设计和编写兼顾两个标准。

依据《普通高等学校本科专业类教学质量国家标准（外国语言文学类）》《普通高等学校本科日语专业教学指南》的培养目标、培养规格（素质要求、知识要求、能力要求）以及课程体系的要求编写，将立德树人作为教育、教学的首要任务，专业课程与课程思政同向同行。同时，在日语能力培养方面参照《JF日语教育标准》（日本国际交流基金会），采用进阶式日语能力设计模式。此外，本系列教材还强调同一阶段不同课程间的横向衔接，重视不同课程在教学上的相互配合和知识互补，旨在解决不同课程在教学目标、教学内容、课时分配等方面因相对独立所形成的矛盾和冲突。本系列教材将日语专业学习分为基础阶段和高年级阶段。基础阶段"学习日语"，培养学生的日语学习能力与语言运用能力；高年级阶段"用日语学"，培养学生的跨文化交际能力、思辨能力与研究能力。

二、突显现代教育认知理论在教学中的指导性。

为使教材在教学中发挥更积极的作用，在编写和修订过程中，我们吸收和借鉴了现代外语教育中的先进理念。虽然日语听、说、读、写、译能力的培养目标和培养模式有所不同，但理论和实践证明：外语习得的过程必须符合学习者的认知规律才能取得良好的效果。因此，本系列教材是在认知理论的指导下，贯彻相应的教学理念，结合了不同课程的特点设计编写而成的。

三、强调"任务型教学法"在教学中的运用。

外语学习不仅是语言知识积累的过程，更是学习者根据学习体验进行归纳、假设、推论、演绎的过程。因此，本系列教材既重视学生在课堂教学中的参与度，也强调学生课下自主学习的重要性。教师不再仅仅是语言知识的传授者、解释者，也是学习环境的创建者、学习任务的设计者。

四、构建内容充实、形式多样的立体化教学服务体系。

本系列教材除纸质版教材、配套音频外，还依托"U校园智慧教学云平台"，提供了标准化、规范化的课件、教案、微课视频、示范课、题库等，助力打造智慧课堂。

最后，感谢外研社领导和各位编辑多年来的陪伴和支持，正是这种精益求精的匠人态度、力争上游的进取精神，才成就了"新经典日本语"系列教材。同时，感谢使用院校的各位老师和同学对"新经典日本语"系列教材的关注和支持，更感谢在教材修订过程中提出宝贵意见的各位同仁。我们希望通过本次修订，使"新经典日本语"系列教材能更好地为中国高等院校日语专业教学提供服务。

"新经典日本语"系列教材编委会

2023年10月

新经典日本语基础教程第一册同步练习册
（第三版）

答案手册

课前预习

练习1

1. しょたいめん	2. じょせい	3. なまえ	4. せんぱい	5. かいしゃいん
6. しょうかい	7. しゅっしん	8. りゅうがくせい	9. ちゅうごくご	10. にほんじん

练习2

1. 専攻	2. 二年生	3. 学部	4. 教授	5. 名刺
6. 友達	7. 後輩	8. 韓国	9. 仕事	10. 違

练习3

1. クラスメート classmate	2. アメリカ America	3. イギリス English	4. フランス France

练习4

1. 本题为开放性题目，学生回答合理即可。

2.

(1)连语：由两个以上的单词连接在一起，作为一个单词使用。

　　词例：はじめまして、すみません

(2)接尾词：依附在独立词后边，增添词义或发挥一定的语法作用，不可单独使用。

　　词例：たち

课后总结

练习1

语法要点	语法细节
～は～ですか。	"か"是终助词，放在句末表示疑问。
～は～ではありません。	"ではありません"是"です"的否定形式，口语中可使用"じゃありません"。
～は～ですか、～ですか。	选择疑问句，要求对方从询问的两个备选项中选择一个作答。回答分两种情况。 情况1：肯定其中之一。"～は～です。" 情况2：否定两者后作答。"いいえ、～ではありません。～でもありません。～です。"

语法要点	语法细节
～も～です。	"も"是提示助词，提示主题，表示"也""同样"的意思。
～も～も～です。	表示对两者的肯定，意为"两者都……"。否定形式为"～も～も～ではありません"，意为"两者都不……"。
～は～ではありません。 ～でもありません。	表示某人或某物既不是某种情况，也不是另一种情况。
～の～	"の"是格助词，表示所有、所属关系。
ご・お～	接头词，放在某些词语前面，表示尊敬、自谦或礼貌的含义，不能单独使用。"ご"经常放在音读的单词前，"お"经常放在训读的单词前。

练习2

1. はじめまして、私は～大学～学部の～です。一年生です。専攻は～です。どうぞよろしくお願いします。

2. ご紹介します。こちらは～です。私の先生／クラスメート／友達／先輩／後輩です。

3. 失礼ですが（すみませんが）、お名前／お仕事／ご専攻は何ですか（ご出身はどちらですか）。

   失礼ですが（すみませんが）、お名前／お仕事／ご専攻は～ですか（ご出身は～ですか）。

   （肯定回答）はい、そうです。～です。

   （否定回答）いいえ、違います（そうではありません）。～です。

自我检测

言語知識（文字・語彙）

問題一

1. ねが	2. かのじょ	3. だんせい	4. りゅうがくせい	5. しゅっしん
6. しごと	7. きょうじゅ	8. かいしゃいん	9. しつれい	10. みな

問題二

1. 名前	2. 奥	3. 友達	4. 名刺	5. 韓国
6. 専攻	7. 違	8. 後輩	9. 紹介	10. 初対面

問題三

1	2	3	4
D	C	B	D

問題四

1	2	3	4	5	6	7	8
C	C	B	D	B	C	A	C

問題五

1. も、も　　　2. の　　　3. が　　　4. も　　　5. も、か

問題六

1. ではありません
2. 何ですか
3. ですか、ですか
4. ではありません、でもありません
5. そうです（教授です）
6. こちらこそ
7. すみません（失礼ですが）、違います（韓国人ではありません）

問題七

1	2	3	4	5	6	7	8	9	10
A	D	B	D	C	A	D	C	B	C

問題八

1	2	3	4
C	D	B	A

問題九

1. いいえ。上野さんは経済専攻です。川口さんは文学専攻です。

2. 読書です。

3. いいえ、上野さんは川口さんの先輩です。

4. いいえ、日本人です。

問題十

1	2	3	4
A	C	A	B

問題十二

　はじめまして、張です。日本語学部の三年生です。こちらは李さんです。李さんも日本語専攻です。三年生ではありません。一年生です。私の後輩です。私も李さんも北京の出身です。

　鈴木先生は私たちの日本語の先生です。奥さんは日本人ではありません。中国人でもありません。アメリカ人です。

問題十三

　各位好，初次见面，我叫田中，是中文专业的留学生。我来自日本东京。木下是我的学长（学姐）。他（她）的专业不是中文，是中国文学。山田也是我的学姐，她也是学习中国文学的。小王是我的朋友，他（她）不是留学生，也不是老师，是公司职员。

课前预习

练习1

1. ひとりっこ	2. よにんかぞく	3. おとうと	4. えほん	5. こうむいん
6. ひだり	7. つま	8. りょうり	9. でんしじしょ	10. つくえ

练习2

1. 鍵	2. 写真	3. 姉	4. 雑誌	5. 隣
6. 鉛筆	7. 傘	8. 番組	9. 間	10. 男

练习3

1. コンピューター computer	2. ペン pen	3. ノート note	4. ペット pet	5. カップ cup
6. テレビ television	7. ラジオ radio	8. エンジニア engineer	9. カメラ camera	

练习4

1.

词性（作用）	（这）	（那）	（那）	（哪）
代词（指代事物）	これ	それ	あれ	どれ
连体词（指代人、事物等）	この	その	あの	どの
代词（指代场所）	ここ	そこ	あそこ	どこ
代词（指代人、事物、方位、场所等）	こちら	そちら	あちら	どちら

この鉛筆、あの本、どの人

2.

（1）略。

（2）

よんじゅうきゅう	はっぴゃくなな	さんぜんごひゃくろくじゅう	せんろっぴゃくにじゅういち
にせんよん	よんまんろくせんさんびゃくななじゅうに	じゅうはっさい	はたち

（3）

57	101	370	628
8019	2023	26歳	31歳

练习1

语法要点	语法细节
これ／それ／あれは～です。	"これ／それ／あれ"是指示代词，用来指代事物。根据说话人双方与指示对象之间的距离不同而分为近称、中称、远称和不定称。
この／その／あの～は～です。	"この／その／あの"是连体词，用于修饰名词。连体词不同于指示代词，指示代词可以单独使用，连体词不可以单独使用，必须以"连体词＋名词"的形式出现。
～は～のです。	格助词"の"表示所属关系时，可以将后面的所有物省略。
～は～で、（～は）～です。	"で"是"です"的中顿形式。该句式既可用于描述同一主题，也可用于描述两个不同的主题。
どれ／どの～	"どれ"和"どの"是在三个以上的事物中，不能确定是哪一个时使用的疑问词。单独使用时用"どれ"，修饰名词时用"どの"。
～の～	"の"是格助词，表示同格或内容。
～と～	"と"是并列助词，若列举的事物超过五项，"と"可适度省略。
～ね	"ね"是终助词，表示向对方寻求确认。

练习2

1. これ／それ／あれは何ですか（だれの～ですか）。

   この／その／あの～はだれのですか（～さんのですね）。

2. ～さんは何人家族ですか（ご家族は何人ですか）。

   ～さんは何人兄弟ですか（ご兄弟は何人ですか）。～さんは何番目ですか。

   お父さん／お母さん／お兄さん／お姉さん／弟さん／妹さんは今年おいくつですか。

   お兄さん／お姉さんは何歳年上ですか。

   弟さん／妹さんは何歳年下ですか。

   お父さん／お母さん／お兄さん／お姉さんのお仕事は何ですか。

3. うちは～人家族です。～と～と～です。

   私は一人っ子です。

   私は～人兄弟です。私は～番目の子です（一番上／下の子です）。

   父／母は今年～歳で、～です。

   姉／兄は～歳年上で、～です。

   弟／妹は～歳年下で、～です。

   前（後ろ／左／右／真ん中）は～です。

言語知識（文字・語彙）

問題一

1. ねえ	2. ざっし	3. みぎ	4. ぎんこういん	5. おんな
6. むすこ	7. さかな	8. いもうと	9. つま	10. きょうだい

問題二

1. 傘	2. 絵本	3. 時計	4. 鉛筆	5. 自転車
6. 公務員	7. 電子辞書	8. 隣	9. 携帯電話	10. 新聞

問題三

1	2	3	4
D	C	D	A

問題四

1	2	3	4	5	6	7
A	B	A	D	D	C	D

言語知識（文法）

問題五

1. それ　　　　　2. どれ、が　　　　3. あれ、これ　　　　4. この　　　　　5. どの、が
6. だれ、その、の　7. どの

問題六

1. どれですか、これです　　　　　　2. どれですか、のです

3. 何ですか　　　　　　4. あれは何ですか、だれのですか

問題七

1	2	3	4	5	6	7	8	9	10	11	12
C	B	D	C	C	D	C	B	A	B	C	C

問題八

1	2	3	4
C	D	D	B

読解

問題九

1. 3人兄弟です。3番目です。　　2. 父と母です。

3. 会社員です。　　　　　　　　4. 5歳年上です。

5. 桜大学の学生です。

問題十

1	2	3	4	5
D	D	B	D	C

翻訳

問題十二

A：それはだれのですか。

B：どれですか。

A：この写真です。

B：私の家族の写真です。

A：これはお父さんですか。

B：前の左の方ですね。そうです。父の隣は妹です。

A：妹さんは今年おいくつですか。

B：16歳です。

A：じゃあ、2歳年下ですね。

問題十三

　　这里是我的教室。这张桌子是我的。桌子上的笔记本和笔也是我的。但词典不是我的，是旁边小刘的。你觉得这个是什么？是电子词典。这不是我的，也不是小刘的，是老师的。

课前预习

练习1

1. としょかん	2. しつもん	3. まんが	4. きんぎょ
5. いけ	6. へや	7. せいもん	8. よこ
9. さくら	10. じょしりょう	11. うんどうじょう	12. いぬ

练习2

1. 体育館	2. 窓	3. 教室	4. 学科
5. 食堂	6. 研究室	7. 閲覧室	8. 本棚
9. 共用	10. 箱	11. 時間	12. 正門

练习3

1. ベッド bed	2. ノートパソコン notebook personal computer	3. デパート department store	4. キャンパス campus	5. ルームメート roommate
6. バナナ banana	7. カレンダー calendar	8. トイレ toilet	9. ビル building	

练习4

量词	1	2	3	4	5	6	7	8	9	10	なん
人	ひとり	ふたり	さんにん	よにん	ごにん	ろくにん	ななにん・しちにん	はちにん	きゅうにん	じゅうにん	なんにん
歳	いっさい	にさい	さんさい	よんさい	ごさい	ろくさい	ななさい	はっさい	きゅうさい	じゅ（じ）っさい	なんさい
つ	ひとつ	ふたつ	みっつ	よっつ	いつつ	むっつ	ななつ	やっつ	ここのつ	とお	いくつ
個	いっこ	にこ	さんこ	よんこ	ごこ	ろっこ	ななこ	はっこ	きゅうこ	じゅ（じ）っこ	なんこ
枚	いちまい	にまい	さんまい	よんまい	ごまい	ろくまい	ななまい	はちまい	きゅうまい	じゅうまい	なんまい
本	いっぽん	にほん	さんぼん	よんほん	ごほん	ろっぽん	ななほん	はっぽん	きゅうほん	じゅ（じ）っぽん	なんぼん
冊	いっさつ	にさつ	さんさつ	よんさつ	ごさつ	ろくさつ	ななさつ	はっさつ	きゅうさつ	じゅ（じ）っさつ	なんさつ
台	いちだい	にだい	さんだい	よんだい	ごだい	ろくだい	ななだい	はちだい	きゅうだい	じゅうだい	なんだい
階	いっかい	にかい	さんがい	よんかい	ごかい	ろっかい	ななかい	はっかい	きゅうかい	じゅ（じ）っかい	なんがい

练习1

语法要点	语法细节
～は～にあります。 　　　に（は）ありません。	表示某物存在于（不在）某处。"は"是提示助词，用于提示存在的事物。"に"是格助词，在这里表示事物存在的场所。"あります/ありません"表示某物是否存在。
～は～にいます。 　　　に（は）いません。	表示某人、动物存在于（不在）某处。"は"是提示助词，用于提示存在的人或动物。"に"是格助词，在这里表示人或动物存在的场所。"います/いません"表示某人或动物是否存在。
～に～があります。 　　　はありません。	表示某处有（没有）某物。"に"是格助词，在这里表示事物存在的场所。"が"是格助词，表示存在的主体。"は"是提示助词，起加强语气、引出否定的作用。"あります/ありません"表示某物是否存在。
～に～がいます。 　　　はいません。	表示某处有（没有）某人或动物。"に"是格助词，在这里表示人或动物存在的场所。"が"是格助词，表示存在的主体。"は"是提示助词，起加强语气、引出否定的作用。"あります/ありません"表示某人或动物是否存在。
～は～があります。 　　　います。	表示拥有。"は"是提示助词，用于提示拥有的主体（主语），"が"是格助词，用于表示拥有的物品（人）。"あります"多用于物品，"います"用于人或动物。
～は（场所）です。 　　　ではありません。	表示某物、某人或动物存在于某处。"は"是提示助词，用于提示存在的事物或人、动物。"です/ではありません"前接场所名词，表示某物或人、动物是否存在，是"～は～にあります/に（は）ありません"的省略说法。
～が～と～があります。 　　　います。	表示事物、人或动物的数量。"が"是提示助词，前接存在的主体，后接主体的数量。"と"是并列助词，表示列举。"あります"用于事物，"います"用于人或动物。

练习2

1. 私の大学は～です。～にあります。

　大学に先生が～人と学生が～人います。

　大学に～や～などがあります。

　日本語学部（体育館・食堂・運動場・寮）は～にあります。

2. 図書館は～にあります。

　全部で～階あります。

　各階に～があります。

　日本語の本は～にあります。

3. 私の寮は～にあります。

　　私の寮は（男子寮・女子寮）で、全部で～階あります。

　　私の部屋に～や～などがあります。～はありません。

　　ルームメートは全部で～人です。

言語知識（文字・語彙）

問題一

1. たいいくかん	2. まんが	3. まど	4. さんがい	5. いぬ
6. なんさつ	7. はな	8. さんぼん	9. しない	10. さくら

問題二

1. 子供	2. 共用	3. 電話	4. 研究室	5. 運動場
6. 猫	7. 横	8. 部屋	9. 地図	10. 黒板

問題三

1	2	3	4	5	6	7
C	D	B	C	C	D	B

問題四

1	2	3	4	5	6
C	D	B	D	D	C

言語知識（文法）

問題五

1. に、が　　　　2. や、が　　　　3. に、も　　　　4. に、が

5. は、と、の、に　　　　　　　6. の、に、か、も

7. は、が、と、が　　　　　　　8. の、に、か、が、や、が

問題六

1. 何人、二人　　2. おいくつ、20歳　3. 何台、10台　　4. 何階、6階

5. 何冊、8冊　　6. 何枚、9枚　　7. 何本、1本

11

問題八

1	2	3	4	5
C	D	A	A	C

読解

問題九

1. 運動場の後ろにあります。

2. 寮の隣にあります。

3. いつも学生がたくさんいます。

4. 時計台といすがあります。

5. 男子寮です。全部で7階あります。

6. 6階です。机が二つと椅子が六つあります。ベッドが四つあります。

7. フロアにあります。

8. 図書館にいます。

9. ルームメートの王さんと李さんがいます。

問題十

1	2	3	4	5
B	A	B	C	C

翻訳

問題十二

　私の家は大連にあります。これは私の家の写真です。私の家は3階にあります。部屋が三つあります。私の部屋はトイレの隣です。私の部屋にはパソコンとテレビがあります。家には猫が1匹と犬が1匹います。普段、父と母は家にいません。猫はいつも私の部屋にいます。

問題十三

　我们的教室在11号教学楼。教室前面有钟和黑板等。教室里还有地图和书架等。书架上放着花瓶。

　铃木老师在黑板前面。铃木老师的右边有垃圾箱。讲桌上有电脑。教室里有小杨、小王和小李。小王在小杨和小李之间。小杨的桌子上面有铅笔和橡皮擦等。小李的桌子上面什么也没有。

课前预习

练习1

1. えいが	2. ぜんぜん	3. まいにち	4. しょくじ
5. よる	6. さんぽ	7. ごぜん	8. かのじょ
9. うた	10. ばしょ	11. かえ	12. お
13. の	14. お	15. はじ	16. ね

练习2

1. 小説	2. 喫茶店	3. 週末	4. 勉強
5. 授業	6. 運動	7. 家	8. 今日
9. 誕生日	10. 試験	11. 刺身	12. 資料

练习3

1. コーヒー coffee	2. ジュース juice	3. サッカー soccer	4. スクールバス school bus
5. ジョギング jogging	6. インターネット internet	7. バス bus	8. スケジュール schedule

练习4

1.

番号	時	分	月	日
1	いちじ	いっぷん	いちがつ	ついたち
2	にじ	にふん	にがつ	ふつか
3	さんじ	さんぷん	さんがつ	みっか
4	よじ	よんぷん	しがつ	よっか
5	ごじ	ごふん	ごがつ	いつか
6	ろくじ	ろっぷん	ろくがつ	むいか
7	しちじ	ななふん	しちがつ	なのか
8	はちじ	はっぷん	はちがつ	ようか
9	くじ	きゅうふん	くがつ	ここのか
10	じゅうじ	じゅ（じ）っぷん	じゅうがつ	とおか

13

2.

分类	词例	肯定形	否定形
五段动词	歌う	歌います	歌いません
	行く	行きます	行きません
	泳ぐ	泳ぎます	泳ぎません
	話す	話します	話しません
	待つ	待ちます	待ちません
	死ぬ	死にます	死にません
	遊ぶ	遊びます	遊びません
	読む	読みます	読みません
	帰る	帰ります	帰りません
一段动词	起きる	起きます	起きません
	見る	見ます	見ません
	食べる	食べます	食べません
	調べる	調べます	調べません
サ变动词	する	します	しません
	散歩する	散歩します	散歩しません
カ变动词	来る	来ます	来ません

▶ **课后总结**

练习1

语法要点	语法细节
～から～までです。	表示时间或距离的起点和终点。"から"是格助词，表示起点；"まで"是提示助词，表示终点。"から""まで"均可以单独使用。
（いつも／よく／時々）～ます。 （あまり／ほとんど／全然）～ません。	表示动作的频率。"ます"前接动词连用形Ⅰ，是动词的敬体，"ません"为其否定形式。"いつも／よく／時々"均为副词，后接动词肯定形式，分别表示"总是／经常／有时"；"あまり／ほとんど／全然"也均为副词，后接动词否定形式，分别表示"不怎么／基本不／根本不"。
～は～が、～は～。	表示对比、对照。"は"是提示助词，用于提示对比的事物（主题），"が"是接续助词，接在前项分句句末。

練習2

1. 中国：

    春節は旧暦1月1日です。

    端午節は旧暦5月5日です。

    国慶節は10月1日です。

    日本：

    成人の日は1月の第2月曜日です。

    子供の日は5月5日です。

2. 私は毎朝〜時に起きます。それから〜（をします）。

    朝ご飯は〜を食べます。

    日本語の勉強は午前〜時から〜時までで、午後〜時から〜時までです。

    昼休みは〜時から〜時までです。

    授業の後、〜（をします）。

    夜は〜（をします）。

    〜時に寝ます。

3. 週末はいつも〜時ごろ起きます。

    朝ご飯は〜を食べます。

    土曜日／日曜日／午前／午後／夜は〜（をします）。

    友達／クラスメート／ルームメートと一緒に〜（をします）。

> **自我检测**

言語知識（文字・語彙）

問題一

1. たんご	2. ごぜん	3. ぜんぜん	4. うた
5. およ	6. かのじょ	7. いえ	8. しゅくだい
9. しゅうまつ	10. しょくじ	11. はな	12. しら

問題二

1. 一緒	2. 時々	3. 木曜日	4. 昼休
5. 勉強	6. 喫茶店	7. 映画	8. 試験
9. 箸	10. 誕生日	11. 毎朝	12. 夕方

問題三

1	2	3	4	5	6	7	8
B	C	C	B	A	A	D	C

問題四

1	2	3	4	5	6	7	8
B	C	C	A	D	A	D	B

問題五

1	2	3	4	5
A	C	C	D	C

言語知識（文法）

問題六

1. か／と、を　　2. に　　　　　3. へ（に）　　4. で、を　　　5. で、で

6. から、で　　　7. で　　　　　8. が　　　　　9. と

問題七

1. 待ち　　　2. 遊び　　　3. 泳ぎ　　　4. 見　　　5. 始まり、終わり

6. 来　　　　7. 読み　　　8. し　　　　9. 飲み　　　10. 使い

問題八

1. 見ます　　　　2. します　　　　　3. 飲みます　　　4. 読みます　　　5. しません

6. 食べません　　7. 起きます、寝ます　8. 食べます　　　9. 帰ります　　　10. 飲みません

問題九

1	2	3	4	5	6	7	8	9	10	11	12
A	D	C	D	C	B	C	D	B	A	D	B

問題十

1	2	3	4	5
D	A	A	B	D

問題十一

1. 大連外国語大学日本語学院の一年生です。

2. だいたい6時半に起きます。

3. 朝の運動をします。

4. 学生の食堂で朝ご飯を食べます。

5. ほとんどパンと牛乳です。時々おかゆを食べます。

6. 午前8時30分から午後4時30分までです。

7. 教室で自習をします。

8. 夜10時半ごろ寝ます。

9. 時々パソコンで映画を見ます。

問題十二

1	2	3	4	5
B	C	B	B	D

問題十四

　趙さんは毎朝6時半に起きます。朝ご飯はだいたいパンとコーヒーです。バスで学校へ行きます。学校は8時半から4時半までです。5時に家へ帰ります。6時ごろ晩ご飯を食べます。それからテレビを見ます。インターネットを見ます。夜10時ごろ寝ます。

　土曜日と日曜日は学校へ行きません。土曜日は午前中図書館で本を読みます。午後、友達と一緒にスポーツをします。日曜日はどこへも行きません。家でテレビを見ます。

問題十五

　今年寒假从1月14日休到2月20日。我通常坐火车回家，不过这次坐飞机回去。

　寒假期间，我要和家人去各种地方。也要见高中的朋友，和他们一起踢足球、打篮球等。

　此外，我还要经常在电脑上看看电视剧、电影等，有时也会学学日语。

　2月20日坐飞机返校。

课前预习

练习1

1. おんがく	2. かしゅ	3. そうさ	4. じょうず	5. ふんいき
6. らいげつ	7. えんか	8. くだもの	9. ふゆ	10. ほんとう

练习2

1. 歌詞	2. 人気	3. 便利	4. 親切	5. 長
6. 環境	7. 買	8. 厳	9. 優	10. 旅行

练习3

1. スーパー supermarket	2. テンポ tempo	3. ギター guitar	4. ダンス dance	5. バンド band
6. ロック rock	7. レストラン restaurant	8. ファン fan	9. ハンサム handsome	10. コンサート concert

练习4

1.

	基本形	词干	词尾	否定形
イ形容词	高い	たか	い	たかくない
	狭い	せま	い	せまくない
	いい	い	い	よくない
	広い	ひろ	い	ひろくない
	おもしろい	おもしろ	い	おもしろくない
	忙しい	いそがし	い	いそがしくない
	おいしい	おいし	い	おいしくない
	難しい	むずかし	い	むずかしくない
	新しい	あたらし	い	あたらしくない

	基本形	词干	词尾	否定形
ナ形容词	静かだ	しずか	だ	しずかではない
	にぎやかだ	にぎやか	だ	にぎやかではない
	上手だ	じょうず	だ	じょうずではない
	嫌いだ	きらい	だ	きらいではない
	好きだ	すき	だ	すきではない
	丈夫だ	じょうぶ	だ	じょうぶではない
	親切だ	しんせつ	だ	しんせつではない
	有名だ	ゆうめい	だ	ゆうめいではない
	便利だ	べんり	だ	べんりではない

2.

★イ形容词连接名词时，<u>使用イ形容词的基本形。イ形容词否定形式，即“～くない”后面也可以直接接名词。</u>（接续方式）

★ナ形容词连接名词时，<u>在ナ形容词的基本形后接“な”。ナ形容词的否定形式，即“～ではない”后面也可以直接接名词。</u>（接续方式）

★イ形容词的词尾__い__变为__く__，后接“て”，可以表示__并列__关系。

★ナ形容词的基本形后接“で”，可以表示__并列__关系。

> **课后总结**

练习1

语法要点	语法细节
～は（名词）でした。 　　　　ではありませんでした。	“でした”是“です”的过去肯定形式，“ではありませんでした”是“です”的过去否定形式。
～は（ナ形容词）です。 　　　　ではないです／ではありませんでした。	“です”是“だ”的敬体，“ではない”是“だ”的否定形式，“ではないです／ではありませんでした”为其敬体。
～は（イ形容词）です。 　　　　くないです／くありません。	“～です”“～くないです”中的“です”是敬体。“ありません”是“ない”的敬体。
～は～くて（并列）	“て”是接续助词。
～は～で（并列）	“ナ形容词基本形＋で”是ナ形容词的连用形。
～い／～なN	イ形容词的基本形直接接名词，ナ形容词后接名词时，要在基本形后接“な”。
～い／～なの	“の”是准体助词，接续方式和名词相同。

（续表）

语法要点	语法细节
～は～が～です。	"は"提示大的主题，"が"提示具有部分特征的小主语。"好き""嫌い""上手""下手"等词也可以套用该句型。
～へ～に行きます／来ます。	"へ"表示方向，前面接续表示场所的名词。"に"表示目的，前面接动词连用形Ⅰ或动作性名词。
～が／けど	"が""けど"为接续助词，"けど"比"が"更加口语化。

练习2

1. 私の趣味は～です。

　中学から～の練習を始めました。

　授業の後（暇な時に、週末に）、よく友達と一緒に～へ～に行きます。

　～は～くて（で）～です。

　私は～が好きです。

2. ～は～が～です。

　～くて（で）～です。

3. ～は（イ形容词／ナ形容词）です。

　～は～が～です。

自我检测

言語知識（文字・語彙）

問題一

1. むずか	2. は	3. いそが	4. くだもの	5. せんしゅう
6. かいじょう	7. め	8. きら	9. たの	10. でんとうてき

問題二

1. 簡単	2. 聞	3. 厳	4. 熱	5. 会議
6. 髪	7. 優	8. 一番	9. 種類	10. 広

問題三

1	2	3	4	5	6	7
C	D	B	C	C	B	A

問題四

1	2	3	4	5	6	7	8	9
A	B	B	B	A	C	B	A	D

言語知識（文法）

問題五

1. は、が	2. を、に	3. が	4. が	5. で
6. は、が	7. よ	8. ね	9. の	10. な、が

問題六

1. きれいな	2. 安く	3. ハンサム	4. 大きく	5. 親切な
6. 難しく	7. 小さい	8. おもしろくて	9. 簡単で	10. よく

問題七

1	2	3	4	5	6	7	8
B	C	B	C	C	B	D	A

問題八

1	2	3	4	5
D	B	A	A	C

読解

問題九

1	2
C	D

問題十

1	2
C	A

翻訳

問題十二

　　○○大学は中国でとても有名な大学です。歴史が長くて有名な先生がたくさんいます。キャンパスは大きくてきれいで、図書館は明るくて広いです。だから、この大学は中国でも外国でも人気があり

ます。現在、学生の数は15342人です。その中には、韓国や日本からの留学生もいます。

問題十三

　　我喜欢吃日本料理。偶尔和室友一起去市内吃日料。市区有很多日料店，但我最喜欢的是车站旁的那家。那家日料店既便宜又好吃，店长也很友好亲切。因此，客人也源源不断。

第6课

> **课前预习**

练习1

1. がいしゅつ	2. はじ	3. じゅぎょうちゅう	4. へいじつ	5. ちか
6. だいじょうぶ	7. かね	8. むかし	9. とお	10. ねむ

练习2

1. 連休	2. 観光	3. 機能	4. 花見	5. 立派
6. 頭	7. 点数	8. 駅	9. 景色	10. 緑

练习3

1. テニス tennis	2. シーフード seafood	3. アメリカ America	4. パーティー party	5. テーマパーク theme park

练习4

1.

	基本形	连体形	连用形
イ形容词	近い	近い	近く／近かっ
	遠い	遠い	遠く／遠かっ
	楽しい	楽しい	楽しく／楽しかっ
	多い	多い	多く／多かっ
	つまらない	つまらない	つまらなく／つまらなかっ
	暑い	暑い	暑く／暑かっ
	涼しい	涼しい	涼しく／涼しかっ
	暖かい	暖かい	暖かく／暖かかっ
	低い	低い	低く／低かっ
	いい	いい	よく／よかっ

	基本形	连体形	连用形
ナ形容词	新鲜だ	新鲜な	新鲜だっ／新鲜に
	残念だ	残念な	残念だっ／残念に
	丈夫だ	丈夫な	丈夫だっ／丈夫に
	立派だ	立派な	立派だっ／立派に
	親切だ	親切な	親切だっ／親切に
	便利だ	便利な	便利だっ／便利に
	賑やかだ	賑やかな	賑やかだっ／賑やかに
	有名だ	有名な	有名だっ／有名に

2.

	例：年	月	日	週	時	分
1～	1年（間）	1か月（間）	1日	1週間	1時間	1分（間）
2～	2年（間）	2か月（間）	2日（間）	2週間	2時間	2分（間）
3～	3年（間）	3か月（間）	3日（間）	3週間	3時間	3分（間）
4～	4年（間）	4か月（間）	4日（間）	4週間	4時間	4分（間）
5～	5年（間）	5か月（間）	5日（間）	5週間	5時間	5分（間）
6～	6年（間）	6か月（間）	6日（間）	6週間	6時間	6分（間）
7～	7年（間）	7か月（間）	7日（間）	7週間	7時間	7分（間）
8～	8年（間）	8か月（間）	8日（間）	8週間	8時間	8分（間）
9～	9年（間）	9か月（間）	9日（間）	9週間	9時間	9分（間）
10～	10年（間）	10か月（間）	10日（間）	10週間	10時間	10分（間）

★在时间名词后面加__間__，即可表示时间段。有些时间名词后不加__間__，也可以表示时间段，如__年__、__月__、__分__等等。

课后总结

练习1

语法要点	语法细节
～ました。 ませんでした。	"ました"是"ます"的过去形式，"ませんでした"是"ます"的过去否定形式。
～は～かったです。 　くなかったです／くありませんでした。	"～かった"是イ形容词的过去肯定形式，"～くなかった"是イ形容词的过去否定形式。后接"です"后，变为敬体表达方式。
～は～でした。 　ではありませんでした。	"～でした"是ナ形容词的过去肯定形式的敬体表达方式，"～ではありませんでした"是ナ形容词的过去否定形式的敬体表达方式。
～でしょう。	"～でしょう"是"です"的推量形，表示推测和判断。
～から	接在前项分句之后，表示原因。

练习2

1. V　ました。

2. 〜は〜が〜かったです／でした。

　　〜くて（で）〜かったです／でした。

3. 〜は（イ形容词／ナ形容词）でした。

　　〜は〜（が〜）かったです／でした。

▶ **自我检测**

問題一

1. ふるさと	2. きょねん	3. ざんねん	4. みどり	5. しんせん
6. ひこうき	7. かぶしきがいしゃ	8. おお	9. てんすう	10. ちか

問題二

1. 遠	2. 疲	3. 海辺	4. 花見	5. 機能
6. 月	7. 空港	8. 地下鉄	9. 撮	10. 昔

問題三

1	2	3	4	5
B	A	D	D	C

問題四

1	2	3	4	5	6	7	8	9
C	C	A	B	A	D	B	B	B

言語知識（文法）

問題五

1. に　　　　2. を、から　　3. に　　　　　4. へ、に　　　　5. が、が

6. から　　　7. は、が、は　8. で、を

問題六

1. よかったです

24

2. 静かではありませんでした

3. 楽しくありませんでした／楽しくなかったです

4. 来ました

5. 簡単でした

6. 寒かったです

7. 暑くない

8. きれいではありませんでした

問題七

1	2	3	4	5	6	7	8
C	B	B	D	A	D	D	B

問題八

1	2	3	4	5
B	D	B	D	A

読解

問題九

1	2	3
D	D	C

問題十

1	2	3
C	A	B

翻訳

問題十二

　　私は去年の8月に北海道へ行きました。北海道でラーメンやお寿司などを食べました。どれもとても
おいしかったです。札幌市内のホテルに泊まりました。ホテルは小さかったですが、海に近かったで
すから、景色がとてもきれいでした。北海道は本当に静かで気持ちがいいところでした。

問題十三

　　昨天我和朋友一起去买东西了。街上非常热闹。朋友买了一条短裙和一双鞋。短裙很便宜，但是鞋
贵。我什么都没有买，很遗憾。

课前预习

练习1

1. けいたい	2. ようじ	3. つ	4. まよ	5. ねだん
6. てんいん	7. さいご	8. き	9. しんかんせん	10. あき
11. さしみ	12. はし	13. たてもの	14. た	15. ねっしん

练习2

1. 赤	2. 壊	3. 性能	4. 注文	5. 気分
6. 得意	7. 案内	8. 違	9. 掃除	10. 美

练习3

1. デザイン design	2. ブルーベリー blueberry	3. メーカー maker	4. スポーツ sports バドミントン badminton	5. レモン lemon
6. ボールペン ball-pen	7. ハンバーガー hamburger フライドポテト fried potatoes	8. アイスクリーム ice cream	9. コンビニ convenience store	10. ショッピングセンター shopping center

练习4

1.

	两者的比较	三者或三者以上的比较
肯定句	～は～より～です。 ～より～のほうが～です。	～（の中）で～が一番～です。
否定句	～は～ほど～ないです。	
疑问句	～と～とどちらが～ですか。	～（の中）で～が一番～ですか。

2.

询问价格	决定购买某商品
～は（数量词）いくらですか。	～を（数量词）ください。

练习1

语法要点	语法细节
～は～より～です。	用于二者比较。"は"是提示助词，用于提示话题。"より"是格助词，表示比较的基准。
～より～のほうが～です。	用于二者比较。表示与前者相比，后者更……的意思。回答"～と～とどちらが～ですか"时也使用该句型。
～は～ほど～ないです。	用于二者比较，表示前者不如后者。"は"是提示助词，用于提示话题。"ほど"是格助词，表示比较的基准，后接否定表达方式。
～と～とどちらが～ですか。	用于二者比较。"と"是并列助词，用于列举比较的事物或人。"どちら"是代词，表示两者中的某一个。回答时使用"～より～のほうが～です。"
～(の中)で～が一番～です。	用于三者或三者以上的比较，表示"……当中……最……"的意思。"で"是格助词，用于限定范围。
～は(数量词)いくらですか。	用于询问价格。"は"是提示助词，用于提示话题。"いくら"是名词，表示多少钱的意思。
～を(数量词)ください。	用于购物或点餐等场合，相当于"请给我……"。
一緒に～ませんか。	用于有礼貌地邀请他人共同做某事。肯定答复时多用"～ましょう"，否定答复时多使用"すみません、～はちょっと……"

练习2

1. ～は～より～です。

　～は～ほど～ないです。

　A：～と～とどちらが～ですか。

　B：～より～のほうが～です。

2. A：～(の中)で何・どこ・だれ・どれが一番～ですか。

　B：～(の中)で～が一番～です。

3. すみません、～はいくらですか。

　～をください。

4. A：（一緒に）～ませんか。

　B：いいですね。～ましょう。／すみません、～はちょっと……（～から）。

言語知識（文字・語彙）

問題一

1. あか	2. こわ	3. つ	4. うつく	5. しんがた
6. ちが	7. たてもの	8. そうじ	9. しなもの	10. ゆきまつ
11. みず	12. もみじ	13. きせつ	14. きって	15. とくい

問題二

1. 用事	2. 全部	3. 迷	4. 性能	5. 物価
6. 聞	7. 新幹線	8. 刺身	9. 熱心	10. 走
11. 野菜	12. 日用品	13. 歴史	14. 野球	15. 切符

問題三

1	2	3	4	5	6	7	8
B	B	A	D	B	C	D	D

問題四

1	2	3	4	5	6	7	8	9	10	11	12
B	C	A	A	D	D	A	C	C	A	C	D

問題五

1	2	3	4	5
D	D	C	C	B

言語知識（文法）

問題六

1. と、と、が；の、が；も　　2. で、も　　3. に　　4. に
5. から　　6. から、に　　7. と　　8. で　　9. が、が；も
10. が　　11. で　　12. を　　13. も

問題七

1. 高いです　　　　　　　　2. 高くないです
3. のほうが寒いです　　　　4. どちらが速いですか

28

問題八

1	2	3	4	5	6	7	8	9	10
C	D	D	C	B	D	C	B	D	A

11	12	13	14	15	16	17	18
B	D	B	C	B	D	D	D

問題九

1	2	3	4	5	6	7	8	9
D	C	D	A	C	C	C	C	B

読解

問題十

1	2	3	4
C	A	D	D

問題十一

1	2	3
C	C	D

翻訳

問題十三

　私は○○大学日本語学部の一年生の楊です。クラスメートは全部で25人です。その中で、男子学生は5人です。王さんと李さんと劉さんと陳さんと徐さんです。王さんは一番背が高いです。李さんは劉さんと陳さんより背が高いです。劉さんは陳さんと同じぐらいです。徐さんは陳さんほど背が高くないです。

問題十四

　我喜欢运动。足球、羽毛球、慢跑等等，各种运动我都会尝试。足球的话，很多人一起踢，所以非常开心。不过，比起踢足球，我更擅长打羽毛球。空闲时，我经常和朋友一起在体育馆打羽毛球。此外，一个人的时候我会去慢跑。

　大家最喜欢什么运动呢？下次一起踢足球、打羽毛球好吗？请叫上我吧。

课前预习

练习1

1. しょうがつ	2. しゅうかん	3. たび	4. はなし	5. よくじつ
6. かんげき	7. おく	8. えさ	9. まいつき	10. せいかつひ
11. おし	12. しゅっさん	13. なら	14. けっこん	15. かぶき

练习2

1. 電話	2. 近所	3. 財布	4. 礼	5. 祝
6. 担任	7. 花束	8. 両親	9. 送	10. 借
11. 予約	12. 書	13. 出	14. 高価	15. 時代

练习3

1. プレゼント present	2. シャツ shirt	3. サッカーボール soccer-ball	4. メール mail	5. スーツ suit
6. ライブ live	7. カード card	8. レポート report	9. ホテル hotel	10. タブレット tablet

练习4

中文	日语
我送给了小杨圆珠笔。	私は楊さんにボールペンをあげました。
我收到了小杨送的圆珠笔。	私は楊さんに（から）ボールペンをもらいました。
小杨送给了我圆珠笔。	楊さんは私にボールペンをくれました。

1. 表示物品授受时，使用不同的授受动词时，物品的"给予者"和"接受者"会发生改变。其中，<u>あげる</u>、<u>くれる</u>的主语为给予者，<u>もらう</u>的主语为接受者。

2. 使用<u>あげる</u>表达物品授受时，物品的"接受者"不能是"我或己方的人"；使用<u>もらう</u>表达物品授受时，物品的"给予者"不能是"我或己方的人"；使用<u>くれる</u>表达物品授受时，物品的"接受者"必须是"我或己方的人"。

练习1

语法要点	语法细节
～は～に～をあげます／さしあげます／やります。	表示我或己方的人给他人某物品。"は"是提示助词，前接给予者，"に"是格助词，前接接受者，"を"是格助词，前接具体物品。"あげます"用于平辈或家人，"さしあげます"用于长辈或上级，"やります"用于晚辈、花草、宠物等。
～は～に（から）～をもらいます／いただきます。	表示我或己方的人从他人那里得到某物品。"は"是提示助词，前接接受者，"に"是格助词，前接给予者，"を"是格助词，前接具体物品。"もらいます"用于平辈、晚辈或家人，"いただきます"用于长辈或上级。
～は～に～をくれます／くださいます。	表示他人给我或己方的人某物品。"は"是提示助词，前接给予者，"に"是格助词，前接接受者，"を"是格助词，前接具体物品。"くれます"用于平辈、晚辈或家人，"くださいます"用于长辈或上级。
もう～ました。	表示已经做了某事。询问时使用"もう～ましたか"，肯定回答时使用"はい、もう～ました"。如果某事尚未完成，进行否定回答时，使用"いいえ、まだです"。

练习2

1. 私は～に～をあげました。

   私は～に～をもらいました。

   ～は私に～をくれました。

2. 今日は～さんの誕生日です。私は～さんにプレゼントをあげます。

   「お誕生日、おめでとうございます。つまらないものですが、どうぞ。」

3. 私は～に～のプレゼントをもらいました。

   ～は私に～のプレゼントをくれました。

自我检测

言語知識（文字・語彙）

問題一

1. まいつき	2. かんげき	3. おく	4. きねん	5. さいふ
6. はなたば	7. いわ	8. だ	9. か	10. おく
11. よしゅう	12. はなし	13. でんきせいひん	14. よやく	15. よくじつ

問題二

1. 電話	2. 気持	3. 書	4. 習慣	5. 大人
6. 旅	7. 餌	8. 先日	9. 卒業	10. 結婚
11. 両親	12. 教	13. 習	14. 歌舞伎	15. 出産

問題三

1	2	3	4	5	6	7	8	9
B	B	C	A	A	D	B	D	C

問題四

1	2	3	4	5	6	7	8	9	10	11
A	C	D	B	C	C	C	D	A	B	D

問題五

1	2	3	4	5	6
C	D	B	C	A	A

言語知識（文法）

問題六

1. に、を　　　　2. に、に　　　　3. の、に　　　　4. に、から　　　　5. に、を

6. から　　　　7. から　　　　8. に　　　　9. に

10. と、と、に、から　　　　11. が

問題七

1. あげました

2. くれました

3. いただきました

4. さしあげました

5. やります

6. もらいました

7. もらいました、あげました

8. くれました、くれませんでした

問題八

1	2	3	4	5	6	7	8	9	10
A	B	B	B	B	A	C	D	A	B

11	12	13	14	15
C	B	A	D	D

問題九

1	2	3	4	5
C	A	B	B	C

読解

問題十

1	2	3
B	D	D

問題十一

1	2	3
C	D	B

翻訳

問題十三

　もうすぐお正月です。中国のお正月には、大人が子供にお年玉をあげます。私はもう大学生ですが、去年のお正月に、家族からお年玉をもらいました。父と母は1000元をくれました。姉もお年玉をくれましたが、兄はくれませんでした。

問題十四

　昨天是同班同学小杨的18岁生日。小杨收到了很多礼物。收到了基础日语老师送的日语词典，小杨非常感激。同班同学们一起送了小杨蛋糕，蛋糕特别好吃。此外，小杨收到了妈妈送的漂亮帽子。还收到了父亲送的ABC音乐会的门票。ABC是小杨最喜欢的乐队，她好像很期待下个月的音乐会。

课前预习

练习1

1. にもつ	2. しゅっちょう	3. からだ	4. せつめい
5. ちゅういじこう	6. みぶんしょうめいしょ	7. もうしこみしょ	8. ひつよう
9. あせ	10. うんてん	11. もんだいようし	12. じゅうしょ
13. たにん	14. ぶちょう	15. ほこうしゃ	

练习2

1. 娘	2. 薬	3. 運動着	4. 今度
5. 準備	6. 順番	7. 電気	8. 案内
9. 参加	10. 食前	11. 僕	12. 教育

练习3

1. プールサイド poolside	2. タクシー taxi	3. ジム gym	4. ジャージー jersey
5. トレーニング training	6. ゴーグル goggles	7. ロッカー locker	8. マナー manner
9. エアコン air conditioner	10. サイン sign	11. カレーライス curry and rice	

练习4

1.

	基本形	动词连用形Ⅰ	动词连用形Ⅱ	音便种类	
五段动词	払う	はらい	はらって	以う结尾	促音便 （っ）
	持つ	もち	もって	以つ结尾	
	入る	入り	はいって	以る结尾	
	死ぬ	しに	しんで	以ぬ结尾	拨音便 （ん）
	呼ぶ	よび	よんで	以ぶ结尾	
	住む	すみ	すんで	以む结尾	
	掻く	かき	かいて	以く结尾	イ音便 （い）
	脱ぐ	ぬぎ	ぬいで	以ぐ结尾	
	返す	かえし	かえして	无	

	基本形	动词连用形Ⅰ	动词连用形Ⅱ	音便种类
一段动词	着る	き	きて	无
	忘れる	わすれ	わすれて	
サ变动词	する	し	して	无
	確認する	かくにんし	かくにんして	
力变动词	来る	き	きて	无

2.

★五段动词的ない形是将基本形词尾的ウ段假名变成该行的<u>　ア　</u>段假名。

★一段动词的ない形将基本形的词尾<u>　る　</u>去掉即可。

★サ变动词する的ない形为<u>　しない　</u>。

★力变动词来る的ない形为<u>　こない　</u>。

课后总结

练习1

语法要点	语法细节
～てください。	用于请求或命令对方做某事，意为"请……"。一般不对长辈和上级使用。
～てくださいませんか。	用于礼貌地请求对方为自己做某事，意为"能否请您……"。可用于请求长辈或上级为自己做某事。
～てもいいです。	表示许可，允许别人做某事，意为"可以……"。一般不对长辈或上级使用。疑问句"てもいいですか"表示征求有许可权的对方同意或准许，意为"可以……吗？"。
～てはいけません。	表示禁止做某事，意为"不许……"。一般由有权下达禁止指示的人使用。例如，长辈对晚辈或上级对下级使用。
～ないでください。	表示请求或命令对方不要做某事，意为"请不要……"。
～なくてもいいです。	表示不做某事也可以，意为"可以不……"。相当于"なければなりません"的否定表达形式。
～なければなりません。	表示根据社会常识、规则等判断有必要做某事，意为"必须……""得……"。一般用于书面语。口语使用"なきゃならない""なきゃいけない""なけりゃだめだ"。
～なくてはいけません。	表示有必要或必须做某事。多用于因个别原因产生做某事的义务或必要，意为"非……不可""得……"。一般用于书面语。口语多为"なくちゃいけない／なくちゃだめだ"。
～ましょうか。	用法（1）：用于劝说对方和自己一起做某事，意为"……好吗？""……吧？"。 用法（2）：用于提议自己为对方做某事，意为"……好吗？""……吧？"。

练习2

1. 学生ですから、タバコを吸わないでください。

　先生、ペンを貸してくださいませんか。

2. 「図書館でジュースを飲んでもいいですか。」

　「いいえ、ジュースを飲んではいけません。水は大丈夫です。」

3. 提议一起做某事：

　「まだ早いですね。お茶でも飲みに行きましょうか」

　「そうですね。行きましょう。」

　自己为对方做某事：

　「大丈夫ですか？手伝いましょうか。」

　「お願いします。」

自我检测

言語知識（文字・語彙）

問題一

1. ちゅういてん	2. もんだいようし	3. じゅうぶん	4. しょくご	5. かんじ
6. はや	7. ぶちょう	8. かきかた	9. ほこうしゃ	10. にゅうかい

問題二

1. 入	2. 入	3. 遅	4. 無理
5. 貸	6. 返	7. 渇	8. 重

問題三

1	2	3	4	5	6
A	C	D	C	A	A

問題四

1	2	3	4	5	6	7	8	9	10
A	C	A	D	C	A	B	B	A	D

問題五

1. に	2. で／の、を	3. を、に	4. に	5. で、を
6. に	7. が	8. を、が	9. に、を	10. に

問題六

1. 座ってください

   出してください

2. 教えてくださいませんか

   見せてくださいませんか

3. つけてもいいですか

   行ってもいいですか

4. 吸ってはいけません

   話してはいけません

5. 帰らないでください

   調べないでください

6. 買わなくてもいいです

   片づけなくてもいいです

7. 書かなければなりません

   脱がなければなりません

8. 着かなくてはいけません

   守らなくてはいけません

9. 手伝いましょうか

   貸しましょうか

問題七

1	2	3	4	5	6	7	8	9	10	11
B	B	A	C	C	D	B	B	B	D	C

問題八

1	2	3	4	5
C	A	B	A	B

問題九

1. A　　2. B

3. 日本の温泉では水着を着てはいけません。中国の温泉では水着を着なければなりません。

日本の温泉には牛乳があります。中国の温泉には牛乳がありません。暖かいお茶があります。（仅供

参考）

問題十

4. B

5. 鈴木部長、田中さん

6. 会議は明日の10時に始めてもいいですか。

翻訳

問題十二

これから「高鉄」に乗るときの注意点を説明します。

駅には出発時刻の30分前までに着いてください。身分証明書を持っていってください／持ってきて

ください。高鉄の中ではたばこを吸ってはいけません。身長が120㎝以下の子供は切符を買わなくて

もいいです。ぜひルールを守ってください。

問題十三

我来介绍一下如何使用图书馆。借书需要图书卡。请向图书馆工作人员出示你的身份证。工作人员

会给你制作一张图书卡。请在到期之前将书还至还书柜台。

在图书馆阅读时，可以喝水，但不能喝其他饮料。也不允许吃东西。请在公共休息室用餐。

课前预习

练习1

1. だいどころ	2. すいギョーザ	3. しょうゆ	4. じしん	5. て
6. かぜ	7. こうつうじこ	8. あんぜん	9. れんしゅう	10. しゅうり
11. かよ	12. さき	13. は	14. にがて	15. あじみ

练习2

1. 青信号	2. 電話番号	3. 具	4. 道	5. 洗濯
6. 押	7. 皿	8. 主人	9. 入学試験	10. 調味料

练习3

1. カーテン curtain	2. シャワー shower	3. ワンピース one piece	4. キャベツ cabbage	5. ダイエット diet	6. ソファー sofa

练习4

1. 夫は会社に行って、息子は学校に行きます。

2. このワンピースは白くてきれいです。

3. 西安路駅まで地下鉄で行って、バスに乗ります。

4. 袋を開けてお菓子を入れます。

5. 書いて覚えます。

6. 具を包んで作ります。

7. 本を読んで勉強しています。

8. 音楽を聞いて休んでいます。

9. 今日は疲れて早く寝ました。

10. 道に迷って遅れました。

练习1

语法要点	语法细节
～ています	①前接持续动词表示动作或作用正在持续，意为"正在……"。通常以"今V（连用形Ⅱ）ています"的形式使用，表示正在做某事。否定形式为"V（连用形Ⅱ）ていません"。
	②前接瞬间动词用于表示动作结束后的结果或状态，意为"（已经）……了""……着"。注意，"知っていますか"的否定回答为"いいえ、知りません"。
	③表示某动作反复发生，或作用反复出现，多和表示频率的词语搭配使用，意为"都""总是"。
～てから、～	前接连用形Ⅱ，用于表示强调前项动作比后项动作先进行，意为"……然后……""……之后再……"。句子的时态由后项动作的时态来决定。
～ないで～	前接动词ない形，表示后项动作在前项动作没有发生的情况下进行。按照常理，前项的动作应该发生在后项动作之前，意为"没……就……""不……就……"。
～なくて、～	前接动词ない形，用于表示理由。"なくて"前后主语可以不一致。后项不出现意志、命令等表达形式，意为"没……""不……"。

练习2

1. 今、ルームメートと一緒に買い物をしています。

2. 大学に入ってから日本語の勉強を始めました。

3. 私が好きな料理はサンラートートースー（千切りジャガイモの炒め）です。作り方を紹介します。まず、ジャガイモを切ります。そして、調味料を入れて炒めます。最後にお酢を入れます。作り方は簡単ですが、おいしいです。

自我检测

言語知識（文字・語彙）

問題一

1. かわ	2. にがて	3. つぎ	4. ぐ	5. たいへん
6. しんごう	7. た	8. すす	9. みち	10. た

問題二

1. 磨	2. 覚	3. 決	4. 受	5. 辞
6. 倒	7. 伸	8. 混	9. 沸	10. 包

問題三

1	2	3	4	5	6	7	8
B	B	D	A	C	D	B	D

問題四

1	2	3	4	5	6	7	8	9	10	11	12
B	C	A	B	D	A	D	B	B	D	C	B

言語知識（文法）

問題五

1. を、に　　　　2. で、を　　　　3. にも　　　　4. が、を　　　　5. を、に

6. で／の、に　　7. で　　　　　　8. に

問題六

1. 食べています　　2. 始まっています　　3. 死んでいます　　4. 働いています　　5. 洗ってから

6. 入れてから　　　7. 脱いでから　　　　8. 消さないで　　　9. 読まないで　　　10. 寝ないで

11. いなくて　　　12. 足りなくて　　　13. なくて

問題七

1	2	3	4	5	6	7	8	9	10
B	B	C	B	B	D	A	B	D	D

11	12	13	14	15
A	B	A	A	D

問題八

1	2	3	4	5
B	D	D	C	C

読解

問題九

1. A　　2. D

3. 果物を洗わないで食べたからです。

問題十

1. C　　2. D

3. おにぎりに醤油を塗って焼きます。そのあと、味噌で味付けた松茸をおにぎりの上に載せてもうすこし焼きます。

翻訳

問題十二

　　今日は土曜日です。今は朝の8時です。雨が降っていますから、今日は外出しません。母は洗濯をしています。父は床の掃除をしています。私は自分の部屋を片づけています。掃除が終わってから、一緒に昼ごはんを作ります。

　　もう11時です。掃除が終わりました。今日の昼ごはんは餃子です。母は餃子の具を作っています。野菜、お肉、調味料を混ぜています。父は餃子の皮を伸ばしています。終わってから、みんなで一緒に包みます。

　　餃子は本当においしかったです。私たちはたくさん食べました。

問題十三

　　我是田中惠理子。我居住在京都。我家有三口人。丈夫、儿子和我。丈夫是工程师，在电脑公司工作。儿子四岁了，在上幼儿园。我是全职主妇。我每天早上起床，刷牙洗脸后给家人做早饭。儿子的幼儿园有校车，所以他坐校车去幼儿园。丈夫开车去公司。我在家做家务。

课前预习

练习1

1. けっこんしき	2. あいて	3. みんぞくいしょう	4. きんちょう	5. そうしき
6. はんとし	7. たいいん	8. あ	9. けいざいがく	10. まな
11. き、い	12. はっぴょう	13. こいびと	14. ちこく	15. あさねぼう

练习2

1. 興味	2. 講義	3. 試着	4. 体験会	5. 特別
6. 頼	7. 満喫	8. 捕	9. 空気	10. 住
11. 宅配便	12. 暮	13. 遭	14. 泊	15. 遊園地

练习3

1. ショー show	2. チャイナドレス china dress	3. チャンス chance	4. エレベーター elevator	5. プリント print
6. クラス class	7. スキー ski	8. デート date	9. ヘリコプター helicopter	10. アニメ animation

练习4

分类	词例	非过去		过去	
		肯定	否定	肯定	否定
动词	行く	行く	行かない	行った	行かなかった
	寝る	寝る	寝ない	寝た	寝なかった
	遭う	遭う	遭わない	遭った	遭わなかった
	踊る	踊る	踊らない	踊った	踊らなかった
	頼む	頼む	頼まない	頼んだ	頼まなかった
	吹く	吹く	吹かない	吹いた	吹かなかった
	学ぶ	学ぶ	学ばない	学んだ	学ばなかった
	暮らす	暮らす	暮らさない	暮らした	暮らさなかった
	出る	出る	出ない	出た	出なかった
	迎える	迎える	迎えない	迎えた	迎えなかった
	体験する	体験する	体験しない	体験した	体験しなかった
	出席する	出席する	出席しない	出席した	出席しなかった
	来る	来る	来ない	来た	来なかった

练习1

语法要点	语法细节
～たことがあります。	前接动词连用形Ⅱ，表示曾经有过某种经验或经历，很少用于近期发生的事情，意为"（曾经）……过"。否定形式为"～たことが（は）ありません"。多和"前に""昔""今までに"等词一起使用，不和"いつも""よく"等词一起使用。
～たり～たりします（です）。	"たり"是接续助词。用法（1）：列举若干具有代表性的动作或状态，意为"又……又……"。用法（2）：表示相反动作或状态的反复、交替出现，多使用意义相反的两个动词，意为"时而……时而……"。
～たほうがいいです。	表示对话双方均认为某事态需要解决的前提下，说话人发出提醒并向对方提供建议或忠告。句尾常和"よ"一起使用，意为"最好……"。否定形式为"动词ない形　ほうがいいです"，意为"最好不……"。
～でしょ？	用于谈论场景中说话人和听话人都知道的事情，带有说话人期待听话人能同意的语气，读升调。接续方法较复杂，需要多练习。复习以前学习过"でしょう"表示推测的用法。
～ん（の）です。	用于说明状况或解释原因、理由。"～んです"是口语形式。"～のです"多用于正式场合或书面语。"どうして～ん（の）ですか"用于询问原因、理由。
～ていました。	前接动词连用形Ⅱ，是"ています"的过去形式，其否定形式为"ていませんでした"。也可以表示过去某个期间内动作反复进行。
～ので、～	用于客观地陈述因果关系。语气与"～から、～"相比较为缓和。口语形式为"んで"。接续方法和"～のです"相同。可以使用"～からです"来结束句子，但没有"～のでです"的形式。
動詞連体形	动词或动词谓语句修饰名词时，用动词连体形。分为四种情况：简体形式的非完了肯定、非完了否定、完了肯定和完了否定。
～だけ	"だけ"是提示助词。前接名词或数量词，表示限定，意为"只……""仅……"。既可以搭配肯定表达，也可以搭配否定表达。
～というのは／とは～のことです。	"というのは""とは"用于提示某个事物，后面对其下定义或进行说明、解释，口语形式为"って"，意为"所谓……就是……"。

练习2

1. 私は東京へ行ったことがあります。毎日、おいしい日本料理を食べたり、美しい景色を見たりしました。日本の友達にも会ったので、とても楽しかったのです。

2. A：着物は日本の伝統的な民族衣装ですね。

   B：そうですね。とてもきれいですね。着物を着たことがありますか。

   A：はい、学園祭の時一度着たことがあります。着付けはとても難しいので、田中さんに頼みました。

B：そうですか。

3. A：明日、日本語の授業で発表があります。

B：じゃあ、いろいろ準備が必要なので、早く教室に行ったほうがいいですよ。そして、その時間帯は道が混んでいるので、バスやタクシーではなく、地下鉄で行ったほうがいいですよ。

A：そうですね。ありがとう。

自我检测

言語知識（文字・語彙）

問題一

1. きつけきょうしつ	2. めずら	3. たの	4. たの	5. ふ
6. たくはいびん	7. むか	8. わりびき	9. ちょうし	10. あさねぼう

問題二

1. 講義	2. 踊	3. 緊張	4. 葬式	5. 経済学
6. 空気	7. 講演会	8. 遊園地	9. 渋滞	10. 満喫

問題三

1	2	3	4	5
B	D	B	C	D

問題四

1	2	3	4	5	6	7	8	9	10
B	B	C	C	B	D	B	B	D	C

問題五

1	2	3	4	5
D	C	D	C	A

言語知識（文法）

問題六

1. が、に、を　　2. が　　　　　3. へ／に、に　　4. から　　　　　5. に、で、が

6. は、が、は　　7. や　　　　　8. か　　　　　9. で

45

問題七

1. 行く   2. おいしい   3. 海だった   4. 親切   5. 飲んだ

6. 先生ではない

問題八（答案不唯一，仅供参考）

1. 傘を持っていったほうがいいですよ。

2. 早く休んだほうがいいですよ。

3. ちゃんと準備したほうがいいですよ。

4. 運動しないほうがいいですよ。

5. 行かないほうがいいですよ。

6. 歌を歌わないほうがいいですよ。

問題九

1	2	3	4	5	6	7	8	9	10
D	C	D	A	C	D	C	D	D	B

11	12	13	14	15
A	C	C	C	D

問題十

1	2	3	4	5
B	D	C	A	A

読解

問題十一

1. 野原を走ったり、川で泳いだり、魚を捕ったりしていました。

2. 時々家に遅く帰ったからです。

3. はい、とても便利です。電車やバスが来るのが早いので、一度間に合わなくても10分以内に次が来ます。

4. 今住んでいる町はどこへ行っても人が多くて、週末に公園やデパートに行くのも嫌になります。そして、家賃が高くて、部屋が狭いです。田舎と比べて自然が少ないです。

問題十二

1	2	3
C	B	B

翻訳

問題十四

　日本料理店で1年間アルバイトをしたことがあります。仕事の内容はお箸やお皿などを洗ったり、お客さんの注文を受けたりすることです。最初は、日本語が下手だったので、よく友達の山下さんに頼んでいました。そして、日本語を一生懸命に勉強していました。今、日本人のお客さんはよく「王さんは日本語がお上手ですね」と言っています。それを聞いて、とてもうれしいです。これからも頑張ります。

問題十五

　上周周日，我和朋友田中一起去了市内。我们在商场购物，在主题公园游玩。回到宿舍时，室友小李问我："玩得很开心吧！"我回答说："对呀，主题公园是最开心的。"真的是特别开心的一天。我还会再去玩的。

课前预习

练习1

1. つづ	2. かんけい	3. た	4. しかく	5. どりょく
6. つめ	7. もんだい	8. のど	9. てりょうり	10. しっぱい
11. しょうらい	12. い	13. うでどけい	14. そうだん	15. ことば

练习2

1. 計画	2. 検定試験	3. 頑張	4. 渇	5. 賛成
6. 求	7. 役	8. 寄	9. 働	10. 通訳
11. 弾	12. 天気予報	13. 経営	14. 一生懸命	15. 選

练习3

1. スカート skirt	2. アドバイス advice	3. ボーナス bonus	4. テーマ theme	5. コート coat
6. ドライブ drive	7. レコード record	8. ピアノ paino	9. セーター sweater	

练习4

	基本形	意志形
五段动词	変わる	変わろう
	話し合う	話し合おう
	経つ	経とう
	頑張る	頑張ろう
	稼ぐ	稼ごう
	選ぶ	選ぼう
	死ぬ	死のう
	頼む	頼もう
	寄る	寄ろう
	働く	働こう
	引っ越す	引っ越そう
	暮らす	暮らそう

	基本形	意志形
一段动词	求める	求めよう
	続ける	続けよう
サ变动词	努力する	努力しよう
	帰国する	帰国しよう
力变动词	来る	来よう

课后总结

练习1

语法要点	语法细节
～がほしいです。	前接名词，表示第一人称的愿望，意为"想要（得到）……"。询问对方意愿时使用疑问句，注意不能对长辈或上级使用。
～たいです／たいと思います。	前接动词连用形Ⅰ，表示第一人称想做某事，意为"想……"。询问对方意愿时使用疑问句，注意不能对上级或长辈使用。"たい"是表示愿望的助动词，活用形式与イ形容词相同。当谓语是他动词时，经常用"が"代替"を"，如教材例句②"コーラを飲む"→"コーラが飲みたい"。
～う／ようと思います。	前接动词意志形，表示说话人要做某事的意志，主语通常为第一人称，意为"想要……"。"Vう／ようと思っています"含有说话前下定的决心现在依然持续之意，也可以表示第三人称的意志。否定形式为"Vう／ようと（は）思いません"。
～つもりです。	前接动词基本形或动词ない形。主语一般为第一人称。与"Vう／ようと思っています"意思大体相同，但该句型的计划更为具体，实现的可能性更高，意为"打算……"。否定形式为"动词ない形つもりです"或"动词基本形つもりはありません"，后者否定的语气更强，意为"不打算……""没有……打算"。
～予定です。	除动词之外，前面还可以接名词的相应形式，用于叙述预定的计划，意为"计划……"。
～てみる。	前接动词连用形Ⅱ，表示尝试做某个动作，意为"试着……"。"てみる"活用形式与一段动词相同。后面还可以和其他形式搭配使用，如"～たいです""～てください"等。
～ても、～	接续方法为"动词连用形Ⅱ＋も""イ形容词くても""N・ナ形容词＋でも"。表示逆接条件，意为"即使……""即便……"。
～には	前接动词基本形，表示目的或目标，后项多为达到目的所必需的条件等，意为"为了……"。
～ということです。	表示传闻，意为"听说……"。

練習2

1. 私は夏休みに旅行したいと思います。今回は日本の沖縄に行きたいです。そこできれいな海を見たり、写真をたくさん撮ったりしたいです。

2. 私は日本語能力試験を受けようと思います。まず、本を買おうと思います。そして、計画を立って頑張ろうと思います。

3. 私は大学卒業後、日本語の通訳になるつもりです。これから日本語をもっと勉強したり、通訳の練習をしたりするつもりです。通訳のアルバイトもするつもりです。

自我检测

言語知識（文字・語彙）

問題一

1. かいがいりょこう	2. つづ	3. がんば	4. さいしょ	5. もと
6. つめ	7. よ	8. しっぱい	9. くに	10. さ
11. あたた	12. うでどけい	13. そうだん	14. ことば	15. やちん

問題二

1. 検定試験	2. 渇	3. 賛成	4. 経	5. 一生懸命
6. 働	7. 世界一周	8. 天気予報	9. 選	10. 韓国語
11. 弾	12. 実現	13. 経営	14. 今朝	15. 関係

問題三

1	2	3	4	5
C	B	D	C	B

問題四

1	2	3	4	5	6	7	8	9	10	11
B	D	B	C	D	C	D	B	D	C	C

問題五

1	2	3	4	5
D	C	D	D	C

問題六

1. が	2. に、へ／に、に	3. と、より	4. で、の、が	5. が
6. を、で	7. に、か	8. は、に	9. が	10. に、で

問題七

1. 使おう	2. 体験しよう	3. 起きよう	4. 頼もう	5. 来よう
6. 受けよう	7. 出席しよう			

問題八

1. なりたいです
2. 行きたいです
3. したいです
4. 決めたいです
5. 勉強したいです
6. 買いたいです
7. 出かけたいです
8. 返したいです

問題九

1	2	3	4	5	6	7	8	9	10
C	D	C	C	C	D	D	C	D	D

11	12	13	14	15
B	C	D	C	D

問題十

1	2	3	4	5
B	C	D	C	A

読解

問題十一

1. 発音がきれいで、そして、とても流暢でした。

2. 先生のような通訳になろうと思ったからです。

3. まず、教科書の分からないところを徹底的にやり直しました。そして、毎朝、日本語の文章を30分読むようにしました。

4. 身をもって通訳の仕事を体験して、もっと通訳の魅力と難しさがわかるようになりました。

5. その一年間を利用して、自分の夢に向かって、頑張るつもりです。

1	2	3	4
D	D	C	C

翻訳

問題十四

大学卒業後、大学院に進学するつもりです。毎日6時に起きて、図書館へ勉強に行きます。そこでよく先輩にアドバイスを求めています。日本語が上手になるには、練習が必要なので、日本語で作文を書いたり、話したりしています。毎日とても忙しいですが、楽しいです。今週末はハイキングへ行く予定です。その日を楽しみにしています。

問題十五

我想要一台新电脑，所以上周末和妈妈一起去买了。虽然在电脑柜台看了很多，但我还是想买台白色或者黑色的电脑。白色电脑比黑色电脑价格贵，但是外观好看。而且，我试着用了一下白色电脑，非常方便。所以，即使它贵我也买了。我想用这台电脑来学习或者购物什么的。

课前预习

练习1

1. みずうみ	2. はなび	3. とちゅう	4. まつ	5. もり
6. ゆめ	7. べっそう	8. あんしん	9. むりょう	10. じつ
11. ここち	12. ふしぎ	13. な	14. あつ	15. さが

练习2

1. 就職	2. 別荘	3. 波	4. 聞	5. 見
6. 浴衣	7. 温泉玉子	8. 旅館	9. 疲	10. 感
11. 自然	12. 夢	13. 遊覧船	14. 数	15. 届

练习3

1. バイオリン violin	2. ロープウェイ ropeway	3. ロマンチック romantic	4. コンピューター computer	5. カメラ camera
6. フランス France	7. ハンカチ handkerchief			

练习4

分类	接续方法	词例	可能形
五段动词	词尾变为同行工段假名，后续"る"。	洗う / 言う	洗える / 言える
		書く / 嗅ぐ	書ける / 嗅げる
		話す / 出す	話せる / 出せる
		立つ / 持つ	立てる / 持てる
		死ぬ	死ねる
		遊ぶ / 呼ぶ	遊べる / 呼べる
		飲む / 読む	飲める / 読める

（续表）

分类	接续方法	词例	可能形
一段动词	将词尾"る"去掉，后续"られる"。	開ける 止める	開けられる 止められる
サ变动词	できる	勉強する 結婚する	勉強できる 結婚できる
カ变动词	来られる	来る	来られる

课后总结

练习1

语法要点	语法细节
～ができます。	表示某种能力。が是格助词，表示能力对象。前面多接动作性名词或者体育项目、外语、乐器、料理等。
～ことができます。	前接动词基本形，表示具备某种能力或者可能性。
動詞の可能形	表示人的某种能力或者做某事的可能性。他动词宾语对象"を"通常变为"が"。注意，"見える""聞こえる""わかる"本身带有可能含义，所以不具备可能形。另外，无生命物作主语时，动词不用变为可能形。
～がします。	表示心理或生理上的感觉感受。前接"におい""かおり""声""音""味""感じ""気"等名词。
～が見えます／聞こえます。	"見えます"表示自然看在眼里，"聞こえます"表示声音自然传入耳中，两者均与人的意志无关。
～のは～です。	"のは"前接动词连体形，"です"前分为说明或想要强调的事项。
～は～ことです。	"こと"前接动词基本形，用于就某情况加以说明或解释。
まだ～ていません。	表示动作行为尚未完成，对现在仍有影响。
なかなか	"なかなか"为程度副词，后续肯定表达时，含有实际情况比自己预想程度高；后续否定表达时，表示"怎么也不（没）"。
こと	"こと"是形式名词，具有把各种表达形式名词化的功能。另外，如"見る""聞く"等感知动词前面不可以用"こと"，只能用形式名词"の"。

练习2

1. 管さんは何ヵ国語も話せます。

   高校生はたばこを吸うことはできません。

2. 何年前もダイエットをしていました。毎日1時間もヨガをして、10キロやせることができました。継続することの大切さも知ることができました。

3. 楊さんと一緒に箱根に行きました。温泉に入ることができました。温泉玉子を食べることもできました。楽しかったです。

言語知識（文字・語彙）

問題一

1. じんじゃ	2. すいえい	3. なま	4. たの	5. ねむ
6. ぎゅうにゅう	7. ふしぎ	8. な	9. かず	10. とくぎ

問題二

1. 見	2. 花火	3. 旅館	4. 思い出	5. 高
6. 心地	7. 揺	8. 遊覧船	9. 自然	10. 無料

問題三

1	2	3	4	5	6	7	8
A	B	A	D	C	C	D	A

問題四

1	2	3	4	5	6	7	8	9	10
B	A	B	D	B	B	C	A	C	B

問題五

1	2	3	4	5
A	C	A	B	C

言語知識（文法）

問題六

1. に	2. から	3. が、は	4. の	5. で
6. が	7. が	8. で	9. は、が、で	

問題七

1. 運べません	2. 入ります	3. わかりません	4. 話せます	5. 走れません
6. 見えます	7. 覚えられます	8. 読めません	9. 聞こえます	10. 行けます

問題八（答案不唯一，仅供参考）

1. お風呂に入れません。

2. よく眠れませんでした。

3. 映画を見に行くこともできません。

4. 傘を持たないで、出かけられません。

5. 明日は出せません。

問題九

1	2	3	4	5	6	7	8	9	10
C	B	A	A	A	B	A	C	C	B

問題十

1	2	3	4	5
A	D	C	D	C

読解

問題十一

1. 日本語がうまく聞き取れなかったから。

2. 話し方が怖かったから。

3. D　　4. B

問題十二

1. 両親がプレゼントを買って私に送っていたこと。

2. B

3. おばあさんが亡くなって買うことはできなかったから。

4. B　　5. D

翻訳

問題十四

　私の趣味は音楽を聞くことです。例えば、日本の曲や韓国の曲やアメリカの曲など、いろいろな国の曲を聞きます。リズム感がある曲が好きです。歌うのが苦手ですが、何回も聞いている曲は、歌うこともできます。歌の意味はよくわかりませんが、楽しんでいます。うちのクラスには、いろいろな国の人がいるので、みんなの国の歌を教えてください。よろしくお願いします。

問題十五

　朋友新买了辆自行车。旧自行车不再骑了，所以要卖掉。我很喜欢她的旧自行车，想要那辆自行车，但是因为不会骑自行车，所以不能要。非常遗憾。

课前预习

练习1

1. いんしょうてき	2. けいさつ	3. ばあい	4. ばんごう	5. うかが
6. けんがく	7. ぼうねんかい	8. さ	9. なら	10. お
11. う	12. もう、こ	13. まちが	14. たし	15. こた

练习2

1. 利用	2. 人力車	3. 料金	4. 見物	5. 提灯
6. 独特	7. 賽銭	8. 参	9. 街並	10. 現代
11. 嘘	12. 発音	13. 冷蔵庫	14. 置	15. 合

练习3

1. クレジットカード credit card	2. リズム rhythm	3. パーティー party	4. サイズ size	5. ニュース news

练习4

		肯定		否定	
		简体	敬体	简体	敬体
	寝る	寝る	寝ます	寝ない	寝ません
	作る	作る	作ります	作らない	作りません
	来る	くる	きます	こない	きません
	する	する	します	しない	しません
	ある	ある	あります	ない	ありません
	やさしい	やさしい	やさしいです	やさしくない	やさしくありません／やさしくないです
非完了	いい	いい	いいです	よくない	よくありません／よくないです
	静か	静かだ	静かです	静かではない	静かではありません
	にぎやか	にぎやかだ	にぎやかです	にぎやかではない	にぎやかではありません
	晴れ	晴れだ	晴れです	晴れではない	晴れではありません
	学生	学生だ	学生です	学生ではない	学生ではありません

（续表）

		肯定		否定	
		简体	敬体	简体	敬体
完了	寝る	寝た	寝ました	寝なかった	寝ませんでした
	作る	作った	作りました	作らなかった	作りませんでした
	来る	きた	きました	こなかった	きませんでした
	する	した	しました	しなかった	しませんでした
	ある	あった	ありました	なかった	ありませんでした
	やさしい	やさしかった	やさしかったです	やさしくなかった	やさしくありませんでした／やさしくなかったです
	いい	よかった	よかったです	よくなかった	よくありませんでした／よくなかったです
	静か	静かだった	静かでした	静かではなかった	静かではありませんでした
	にぎやか	にぎやかだった	にぎやかでした	にぎやかではなかった	にぎやかではありませんでした
	晴れ	晴れだった	晴れでした	晴れではなかった	晴れではありませんでした
	学生	学生だった	学生でした	学生ではなかった	学生ではありませんでした

课后总结

练习1

语法要点	语法细节
「～」と言います。	「～」内使用简体或敬体都可以。表示直接引用他人的说话内容。"と"是格助词，后面除了接"言う"之外，还可以接"あいさつ"等动词。
～と言います。	前接简体形式，用于间接引用他人话语。后面除了接"言う"之外，还可以接"あいさつ"等动词。
～と思います。	前接简体形式，表示第一人称的主观判断、意见。"思っています""思いました"可用于第三人称。
疑问词～か～	か前接简体形式，用于把带有疑问词的疑问句和其他句子组成小句。
～かどうか～	"かどうか"前接简体形式，用于把没有疑问词的疑问句和其他句子组成小句。
～（肯定形）か～（否定形）か～	前接简体形式。

練習2

1. また電話をかけると言っていました。

   日本語の勉強は大変ですが、おもしろいと思います。

2. バスで行くのは一番安いですが、時間がかかると思います。だから、地下鉄かタクシーですね。でも、ラッシューの時、地下鉄が一番いいと思います。

3. 浅草寺ではお賽銭を入れてお参りをしました。おみくじを引くかどうか迷いましたが、貴重な体験だと思って、引くことに決めました。

自我检测

言語知識（文字・語彙）

問題一

1. はつおん	2. れいぞうこ	3. あ	4. お	5. まんなか
6. なら	7. いんしょうてき	8. うかが	9. ばんごう	10. けんぶつ

問題二

1. 料金	2. 利用	3. 答	4. 独特	5. 易
6. 数	7. 見学	8. 危	9. 貴重	10. 申し込む

問題三

1	2	3	4
B	A	B	B

問題四

1	2	3	4	5	6	7	8	9	10
D	D	C	B	A	C	A	C	D	C

問題五

1	2	3	4	5
A	D	B	A	B

問題六

1. で	2. と	3. か	4. か、か	5. に、と
6. のは	7. と	8. に、と	9. に、を	

問題七

1. おもしろい	2. 簡単ではない
3. こない	4. 難しくなかった
5. 晴れだ	6. 上手ではなかった
7. 引っ越しした	8. 勉強しなかった
9. 結婚している	10. なかった

問題八

1. 合うかどうかわかりません

2. 雨が降るかどうかわかりません

3. 上手かどうか覚えていません

4. どこで買ったかわかりません

5. いつ買ったか忘れました

問題九

1	2	3	4	5	6	7	8	9	10
A	B	A	D	C	A	A	B	C	C

問題十

1	2	3	4	5
A	B	B	A	B

読解

問題十一

1. B　　2. C

3. 世界でも有名な日本語の本で、私には難しい本です。

問題十二

1. 学生たちがお客様と旅行会社の人になって練習したこと

2. C   3. A

4. アルバイトするのは大変ですが、仕事はおもしろいし、将来に役に立つと思っています。

翻訳

問題十四

　妹がどこかへ旅行に行こうと言いました。私もすぐに「いいね、そうしよう」と答えました。でも、まだしばらく寒いので、来月行くことに決めました。たぶん来月の15日くらいだと思います。

　これから、どこへ行くか決めます。私は西安に行きたいです。そこは中国の文化がたくさん楽しめると思うからです。でも、妹は大自然の魅力が感じられる所に行きたいと思っています。大自然の中にいるのは心と体の健康にいいと思っているからです。どこへ行くか迷っています。

問題十五

　周三早上，小张突然来电话，他说："我今天发高烧，身体乏力，请假不去上课。不好意思，请把上课笔记借我一下。"于是，我今天去了小张家。我把笔记给他看，对他说"不知道写得好不好"。小张说："写得好认真啊。非常感谢。"他给了我一块我喜欢的巧克力。

前言 ✒

　　《新经典日本语基础教程：第三版》是以高等院校零起点的日语专业学生为对象，以培养学生日语听、说、读、写综合语言运用能力为目标的日语综合教材。《新经典日本语基础教程：第三版》共八册（主教材第一至第四册、同步练习册第一至第四册），分别对应日语专业一、二年级的四个学期。

　　基础教程第一册由"发音"板块和14课构成，第二、三、四册各有16课。与之配套的同步练习册不仅强调对各课的知识点进行集中强化训练，还注重与国内日语水平考试以及新日语能力考试各级别的衔接。同步练习册中设置了与以上相关考试题型类似的专项训练，以此来提高学生应对相关考试的能力，同时达到复现知识点的目的。

教材特点

　　本套教材是在学习和吸收国外第二语言教学的先进理念和方法的基础上，借鉴国内外已经出版发行的优秀教材的经验，并结合我国日语本科教学的现状和教学大纲的要求编写设计的，在编写设计上主要体现以下几个特点。

1. 以学习为中心，以学生为主体，激发学生自主学习动力和语言探究潜能。

   本套教材将"任务型教学法"融入其中，在课堂组织中强调学生的参与度。以学生为主体并不是要放弃教师在课堂上的主导地位，而是要让教师成为优秀的课堂引导者，最大限度地调动学生参与到课堂中，帮助学生发现和总结语言规律，举一反三，灵活运用。

2. 以输出为驱动，培养学生的日语综合应用能力。

   具体而言，教材在注重听力与阅读理解等语言输入能力的同时，突出学生口语和书面表达能力的训练，以主题（话题）——情景——功能为主线，设计多样化的真实语境交际任务，重在培养学生的日语听说读写综合应用能力。

3. 以跨文化交际理论为指导，将解决跨文化冲突问题融入语言学习中。

   教材在选材设计上强调内容的深度和真实性，要让学习者从语言学习中感受、理解不同文化的特征。通过语言学习，学生不仅能获得交际能力，还能了解不同民族间的文化差异在语言和思维上的真实表现，从而提高自身的跨文化交际能力与思辨能力。

4. 提供"教、学、测、评"完整的教学服务解决方案。

   本套教材为教师提供教案、教学课件、教学示范课、期末试题库等教学资源，为学生自主

学习开发了"U 校园"APP，为教学评价提供"测、评、研"一体化的 iTEST 测试系统。

修订内容

《新经典日本语基础教程第一册：第三版》主要修订内容如下。

1. 发音修订

增加了发音要领、发音练习等内容，方便教师课堂教学，有利于学生更全面地掌握日语发音规则。

2. 学习目标修订

参照《JF 日语教育标准》，每课学习目标的前三项均以"能够……"的句式描述本课需要达成的任务，注重培养学生使用日语完成具体任务的能力。

3. 基础会话、应用会话、正文修订

对会话内容与现实生活的结合度、表达的自然性等方面进行了修订，力求学生能够学以致用，使用自然、地道的日语进行交流。

4. 句型、注解修订

句型、注解的解说部分以"接续""用法""释义""例句"的形式分条排列，简洁明了。"用法"解说简洁，体现该句型、注解的交际功能。"例句"部分，选用能够清楚体现该句型、注解交际功能的例句，替换非典型例句，修改表述不自然、不地道的例句；可以接续多种词类的句型、注解，各例句尽量使用接续词类不同的句子；融入思政内容，增加表达积极人生观、价值观的例句。

5. 练习修订

练习部分修改非典型、不自然的题例，替换提示不明确的情景图片，并将练习任务具体化、多样化，使其更有针对性。

6. 其他修订

增加中国特色词汇栏目，并在小知识栏目中加入中国文化元素及中国文化对日本文化的影响等内容。

在编写过程中，我们借鉴和吸收了众家之长，形成了自己的创新理念，但囿于学识和经验，在教材设计编写中尚存在不足之处。我们诚挚地希望业界专家和兄弟院校不吝赐教，提出批评和建议，敦促我们不断改进，以使本套教材日臻完善。

《新经典日本语基础教程》编写组

2023年10月

使用说明 💡

　　《新经典日本语基础教程第一册同步练习册：第三版》是《新经典日本语基础教程第一册：第三版》的配套练习册。书中所有的练习内容均围绕主教材中出现并要求掌握的知识点进行设计与编写，目的是补充、巩固和强化所学知识。

　　每课包括"课前预习""课后总结""自我检测"三部分，不仅可以帮助学生打好语言基础、提高语言的应用能力，而且有助于培养学生的自主学习能力。

　　与主教材一致，本书包含 14 课的内容。为了方便广大学习者更好地使用本书，下面我们以第 4 课为例，介绍本书的内容并提出使用本书的几点建议：

课前预习

　　要求学生事先预习本课单词、句型等相关知识后，观看 U 校园 APP 内的本课相关视频，课前完成本部分练习，为课堂学习打下良好的基础。

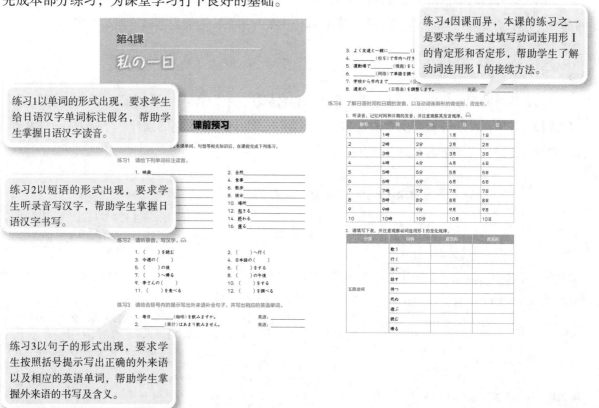

练习1以单词的形式出现，要求学生给日语汉字单词标注假名，帮助学生掌握日语汉字读音。

练习2以短语的形式出现，要求学生听录音写汉字，帮助学生掌握日语汉字书写。

练习3以句子的形式出现，要求学生按照括号提示写出正确的外来语以及相应的英语单词，帮助学生掌握外来语的书写及含义。

练习4因课而异，本课的练习之一是要求学生通过填写动词连用形 I 的肯定形和否定形，帮助学生了解动词连用形 I 的接续方法。

要求学生完成本课的全部学习后进行本部分练习，梳理本课重点学习内容。

练习1为本课出现的句型、注解等语法要点，要求学生进行总结，帮助学生巩固本课所学的语法知识。

练习2要求学生使用知识要点尝试达成交际目标，帮助学生提高实际应用能力。

自我检测

本部分练习的题型包括"语言知识（文字、词汇）""语言知识（语法）""读解""翻译"四部分，用于学生自我检测、查漏补缺。前三部分主要参照新日语能力考试的题型设置。

1.言語知識（文字・語彙）

本部分练习的题型包括"汉字标注假名""假名标注汉字""外来语选择""词汇选择""同义句选择"五种，均以句子的形式出现，有助于学生巩固每课所学单词的读音、对应汉字、词义等，加深理解，提高语言运用能力。

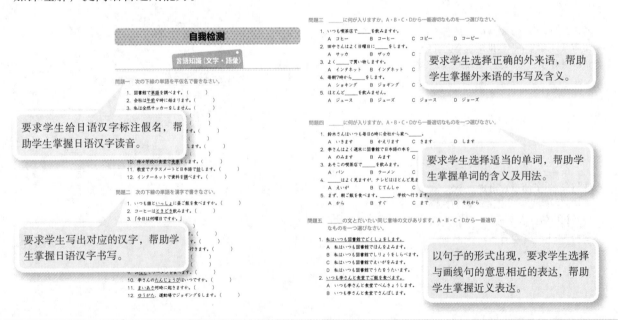

要求学生给日语汉字标注假名，帮助学生掌握日语汉字读音。

要求学生写出对应的汉字，帮助学生掌握日语汉字书写。

要求学生选择正确的外来语，帮助学生掌握外来语的书写及含义。

要求学生选择适当的单词，帮助学生掌握单词的含义及用法。

以句子的形式出现，要求学生选择与画线句的意思相近的表达，帮助学生掌握近义表达。

2. 言語知識（文法）

本部分练习的题型包括"助词填空""活用变形（因课而异）""外来语选择""完成句子""句子语法1（选择语法项目）""句子语法2（组合句子）"六种题型，有助于学生巩固每课所学的语法要点，提高运用能力。

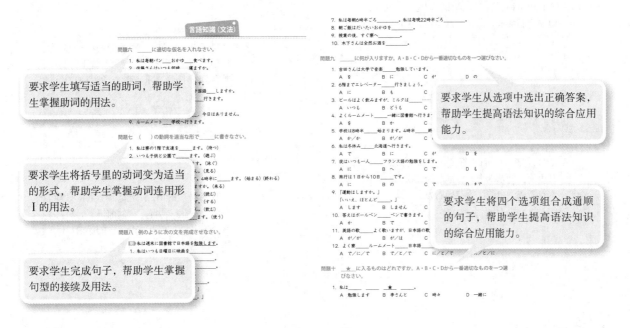

要求学生填写适当的助词，帮助学生掌握助词的用法。

要求学生将括号里的动词变为适当的形式，帮助学生掌握动词连用形Ⅰ的用法。

要求学生完成句子，帮助学生掌握句型的接续及用法。

要求学生从选项中选出正确答案，帮助学生提高语法知识的综合应用能力。

要求学生将四个选项组合成通顺的句子，帮助学生提高语法知识的综合应用能力。

3. 読解

本书的读解练习包括"阅读理解"和"日语短文朗读"两部分。"阅读理解"部分包含问答题和选择题两种题型，不仅考查学生在语篇中对日语单词、句型、语法知识等的理解，还考查学生的日语阅读理解能力和逻辑思维能力。"日语短文朗读"有助于培养学生良好的朗读习惯。

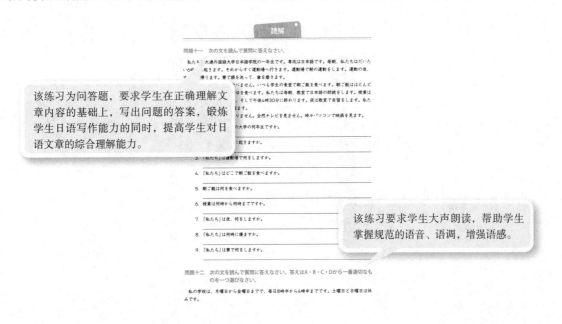

该练习为问答题，要求学生在正确理解文章内容的基础上，写出问题的答案，锻炼学生日语写作能力的同时，提高学生对日语文章的综合理解能力。

该练习要求学生大声朗读，帮助学生掌握规范的语音、语调，增强语感。

4. 翻訳

本书的翻译练习包括"汉译日"和"日译汉"两部分，各有一篇短文，后设两道练习，重点考查学生在语篇中的语言运用能力，帮助学生巩固所学语法、词汇，提高语言综合应用能力。

"汉译日"的第1小题要求学生运用所学日语单词、句型、语法知识将一篇汉语短文翻译成日语，重点考查学生的日语笔译能力。

"汉译日"的第2小题要求学生在只看汉语（不看日语译文）的前提下，将其翻译成日语，重点考查学生的日语口译能力。

"日译汉"的第1小题要求学生在理解日语原文的基础上，将其翻译成汉语，重点考查学生的汉语笔译能力。

"日译汉"的第2小题要求学生在只看日语（不看汉语译文）的前提下，将其翻译成汉语，重点考查学生的汉语口译能力。

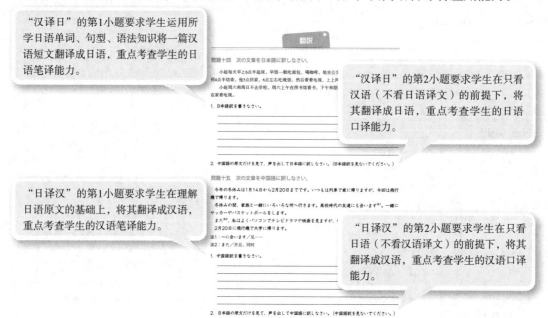

5. 自我评价表

在完成该课的所有练习后，学生需使用"自我评价表"进行自评。通过自评，学生可以清楚自己哪些练习完成得好，哪些完成得不太理想。充分了解自身的薄弱部分后，在今后的学习中有针对性地进行训练。

目 录 🔍

第1課

初対面

请观看第1课的视频，预习本课单词、句型等相关知识后，在课前完成下列练习。

练习1 请给下列单词标注读音。

1. 初対面＿＿＿＿＿＿＿＿＿＿＿ 2. 女性＿＿＿＿＿＿＿＿＿＿＿＿＿

3. 名前＿＿＿＿＿＿＿＿＿＿＿＿ 4. 先輩＿＿＿＿＿＿＿＿＿＿＿＿＿

5. 会社員＿＿＿＿＿＿＿＿＿＿ 6. 紹介＿＿＿＿＿＿＿＿＿＿＿＿＿

7. 出身＿＿＿＿＿＿＿＿＿＿＿＿ 8. 留学生＿＿＿＿＿＿＿＿＿＿＿

9. 中国語＿＿＿＿＿＿＿＿＿＿ 10. 日本人＿＿＿＿＿＿＿＿＿＿＿

练习2 请听录音，写汉字。🎧

1. 日本語（　　　　） 2. 大学（　　　　）

3. 英語（　　　　）の学生 4. 鈴木（　　　　）

5. 私の（　　　　） 6. 男性の（　　　　）

7. 一年生の（　　　　） 8. （　　　　）の留学生

9. お（　　　　）は何ですか。 10. いいえ、（　　　　）います。

练习3 请结合括号内的提示写出外来语补全句子，并写出相应的英语单词。

1. 楊さんは私の＿＿＿＿＿（同学）です。　　　　　英语：＿＿＿＿＿＿

2. マリーさんは＿＿＿＿＿（美国）人です。　　　　英语：＿＿＿＿＿＿

3. スミスさんは＿＿＿＿＿（英国）人ですか。　　　英语：＿＿＿＿＿＿

4. 私の専攻は＿＿＿＿＿（法国）語です。　　　　　英语：＿＿＿＿＿＿

1

练习4　了解日语单词的词性。

1. 通过下表，了解日语单词的词性，并从第一课单词表中找到相应的词例及释义填到表格中。

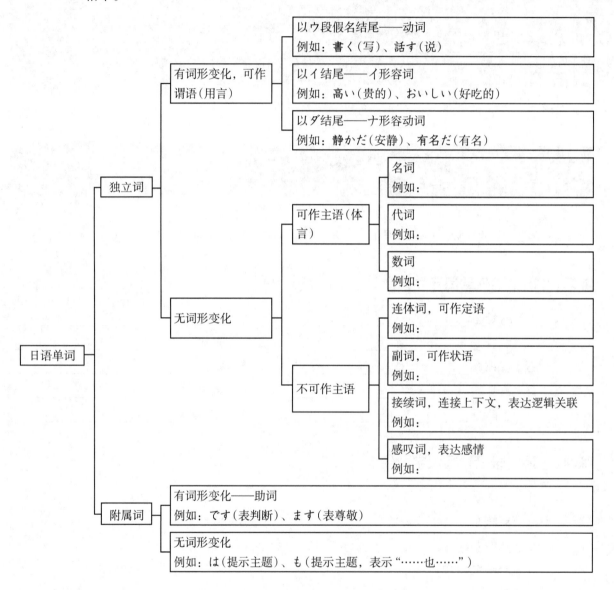

2. 通过网络或词典，查明下列词性的概念，熟悉其词性标注。

（1）［連語］连语：_____

　　　　词例：_____

（2）［接尾］接尾词：_____

　　　　词例：_____

课后总结

练习1　对照本课的语法要点，仿照范例，填写下表。

语法要点	造句	语法细节
例 ～は～です。	私は学生です。	"は"是提示助词，提示主题。"です"是助动词，表示判断，其否定形式是"ではありません"。
～は～ですか。		
～は～ではありません。		
～は～ですか、～ですか。		
～も～です。		
～も～も～です。		
～は～ではありません。 ～でもありません。		
～の～		
ご・お～		

练习2　仿照范例，使用本课知识要点，尝试达成以下的交际目标。

　　1. 向陌生人介绍自己。

　　　はじめまして、私は～です。どうぞよろしくお願いします。

　　　（可结合个人情况进一步细化）

　　　_____

　　　_____

　　　_____

　　2. 向他人介绍自己的老师、同学、朋友等。

　　　_____

　　　_____

　　　_____

　　3. 交流个人信息时的询问与应答。

　　　_____

　　　_____

　　　_____

自我检测

言語知識（文字・語彙）

問題一　次の下線の単語を平仮名で書きなさい。

　例 あの方はどなたですか。（ かた ）

　1. どうぞよろしくお願いします。（　　　　）

　2. 彼女は二年生です。（　　　　）

　3. 劉さんは男性です。（　　　　）

　4. キムさんは留学生ではありません。（　　　　）

　5. ご出身はどちらですか。（　　　　）

　6. お仕事は何ですか。（　　　　）

　7. あの人は大学の教授です。（　　　　）

　8. キムさんは会社員ですか。（　　　　）

9. 失礼ですが、王さんですか。（　　　　）
10. 皆さん、おはようございます。（　　　　）

問題二　次の下線の単語を漢字で書きなさい。

例▶ あの<u>かた</u>はどなたですか。（　方　）

1. 失礼ですが、<u>おなまえ</u>は何ですか。（　　　　）
2. 先生の<u>おく</u>さんは日本人ではありません。（　　　　）
3. 田中さんは私の<u>ともだち</u>です。（　　　　）
4. これ、私の<u>めいし</u>です。よろしくお願いします。（　　　　）
5. 出身は<u>かんこく</u>のソウルです。（　　　　）
6. 王さんはフランス語<u>せんこう</u>ですか。（　　　　）
7. 「秦さんは一年生ですか。」

「いいえ、<u>ちが</u>います。二年生です。」（　　　　）
8. 王さんも日本語学部の一年生です。私の<u>こうはい</u>です。（　　　　）
9. ご<u>しょうかい</u>します。こちらは山田さんです。（　　　　）
10. 「はじめまして」は<u>しょたいめん</u>の時の挨拶用語です。（　　　　）

問題三　＿＿＿＿に何が入りますか。A・B・C・Dから一番適切なものを一つ選びなさい。

例▶ キムさんの出身は韓国の　B　です。

　　A　ソール　　　　　B　ソウル　　　　　C　ンール　　　　　D　ンウル

1. 彼女の専攻は＿＿＿＿語ですか。

　　A　フラソス　　　　B　クリンス　　　　C　ヲリソス　　　　D　フランス
2. ＿＿＿＿の楊さんは上海出身です。

　　A　クラスメード　　B　ワラスメード　　C　クラスメート　　D　ワラスメート
3. ジョンさんは＿＿＿＿人ではありません。

　　A　アノラカ　　　　B　アメリカ　　　　C　アケルカ　　　　D　アセラカ
4. あの人は＿＿＿＿人ではありません。

　　A　イングリス　　　B　イゲリス　　　　C　インゲレス　　　D　イギリス

問題四　＿＿＿＿に何を入れますか。A・B・C・Dから一番適切なものを一つ選びなさい。

例▶ 「あの人は　A　ですか。」

「斎藤さんです。」

　　A　だれ　　　　　　B　どちら　　　　　C　なに　　　　　　D　なん
1. 「すみません、＿＿＿＿名前は？」

「山田です。」

　　A　ご　　　　　　　B　の　　　　　　　C　お　　　　　　　D　そ

2. 「あの方は_____ですか。」
   「友達のパクさんです。」
   A　どれ　　　　　　B　なん　　　　　　C　どなた　　　　　D　どちら
3. 「_____の_____出身ですか。」
   「日本の東京です。」
   A　なん／ご　　　　B　どちら／ご　　　C　なん／お　　　　D　どちら／お
4. 田中さんは女性です。_____は中国語学部の留学生です。
   A　彼　　　　　　　B　あの　　　　　　C　だれ　　　　　　D　彼女
5. 「みなさんは何年生ですか。」
   「私_____は二年生です。」
   A　方　　　　　　　B　たち　　　　　　C　人　　　　　　　D　の
6. 「中井さん、_____はジョンさんです。」
   「はじめまして。」
   A　これ　　　　　　B　だれ　　　　　　C　こちら　　　　　D　どちら
7. 「あの人の名前は_____ですか。」
   「木下さんです。」
   A　なん　　　　　　B　なに　　　　　　C　だれ　　　　　　D　どれ
8. 「すみません、日本の_____ですか。」
   「はい、日本人です。」
   A　ひと　　　　　　B　じん　　　　　　C　かた　　　　　　D　だれ

言語知識（文法）

問題五　_____に適切な仮名を入れなさい。

例　はじめまして、ジョンです。私_は_イギリス人です。

1. 張さん____王さん____会社員です。
2. あの人はABC商社____社員です。
3. 失礼です____、川内さんですか。
4. キムさんはアメリカ人ではありません。パールさん____アメリカ人ではありません。
5. 「陳さんは二年生です。劉さん____二年生です____。」
   「いいえ、一年生です。」

問題六 例のように次の文を完成させなさい。

例 ご紹介します。こちらは山田さん＿＿＿＿です＿＿＿。

1. 「ジョンさんはアメリカ人ですか。」
   「いいえ、アメリカ人＿＿＿＿＿＿＿＿＿。」

2. 「失礼ですが、お名前は＿＿＿＿＿＿＿＿＿。」
   「植村です。」

3. 「永井さんは言語専攻＿＿＿＿＿＿＿＿。文学専攻＿＿＿＿＿＿＿＿。」
   「文学専攻です。」

4. 木村さんは会社員＿＿＿＿＿＿＿＿。公務員＿＿＿＿＿＿＿＿。大学の先生です。

5. 「彼は大学の教授ですか。」
   「はい、＿＿＿＿＿＿＿＿＿。」

6. 「浦島です。どうぞよろしくお願いします。」
   「＿＿＿＿＿＿＿＿＿、どうぞよろしく。」

7. 「＿＿＿＿＿＿＿＿＿、韓国の方ですか。」
   「いいえ、＿＿＿＿＿＿＿＿＿。中国人です。」

問題七 ＿＿＿＿に何が入りますか。Ａ・Ｂ・Ｃ・Ｄから一番適切なものを一つ選びなさい。

例 私＿Ｂ＿桜大学の学生です。
   A の　　　　　　B は　　　　　　C か　　　　　　D ×

1. キムさんは韓国＿＿＿＿出身です。
   A の　　　　　　B は　　　　　　C か　　　　　　D も

2. キムさんは韓国人です。パクさん＿＿＿＿韓国人ですか。
   A の　　　　　　B は　　　　　　C か　　　　　　D も

3. 失礼です＿＿＿＿、中国の方ですか。
   A の　　　　　　B が　　　　　　C か　　　　　　D も

4. 劉さん＿＿＿＿王さん＿＿＿＿経済学部の学生ではありません。
   A の／の　　　　B は／は　　　　C か／か　　　　D も／も

5. 「ジョンさんはイギリスの留学生です＿＿＿＿。」
   「はい、そうです。」
   A の　　　　　　B が　　　　　　C か　　　　　　D も

6. 「すみません、王さんですか。」
   「＿＿＿＿。」
   A はい、王です　　　　　　　　B いいえ、そうです
   C はい、ちがいます　　　　　　D はい、わかりません

7. 「田中さんは会社員ですか。」
　　「いいえ、会社員＿＿＿＿。」
　　A　です　　　　　　　B　でしょう　　　　C　でもありません　D　ではありません

8. 「こんにちは、上野さんですか。」
　　「いいえ、田中です。」
　　「あっ、田中さんですか。＿＿＿＿。」
　　A　どうもよろしく　　　　　　　　　　B　どうもありがとう
　　C　どうもすみません　　　　　　　　　D　どうもお願いします

9. 「ただいま。」
　　「＿＿＿＿。」
　　A　こんばんは　　　B　お帰りなさい　　C　大丈夫です　　　D　ごめんください

10. 「はじめまして。どうぞよろしくお願いします。」
　　「＿＿＿＿。」
　　A　おはようございます　　　　　　　　B　ごめんなさい
　　C　こちらこそ　　　　　　　　　　　　D　おかげさまで

問題八　＿＿★＿＿に入るものはどれですか。A・B・C・Dから一番適切なものを一つ選びなさい。

> 例　山田さんは＿＿＿＿　＿＿＿＿　＿★＿＿　＿＿＿＿。（B）
> 　　A　桜大学　　　　　B　留学生　　　　　C　です　　　　　D　の

1. 張さんは＿＿＿＿　＿＿＿＿　＿★＿＿　＿＿＿＿です。
　　A　上海　　　　　　B　出身　　　　　　C　ご　　　　　　D　の

2. あの人＿＿＿＿　＿＿＿＿　＿★＿＿　＿＿＿＿。
　　A　後輩の　　　　　B　ですか　　　　　C　は　　　　　　D　パクさん

3. ＿＿＿＿　＿＿＿＿　＿★＿＿　＿＿＿＿学生ですか。
　　A　は　　　　　　　B　フランス語学部　C　みなさん　　　D　の

4. 鈴木さんは＿＿＿＿　＿＿＿＿　＿★＿＿　＿＿＿＿。
　　A　専攻　　　　　　B　じゃありません　C　の　　　　　　D　韓国語

読解

問題九　次の文を読んで質問に答えなさい。

　上野さんは桜大学経済学部の三年生です。趣味は絵画です。
　川口さんも桜大学の学生です。上野さんの後輩です。文学部の二年生です。趣味は読書です。

劉先生は二人の中国語の先生です。奥さんは中国人ではありません。日本の方です。

1. 上野さんも川口さんも経済専攻ですか。

_____

2. 川口さんの趣味は何ですか。

_____

3. 上野さんは川口さんの後輩ですか。

_____

4. 劉先生の奥さんも中国人ですか。

_____

問題十　次の文を読んで質問に答えなさい。答えはA・B・C・Dから一番適切なものを一つ選びなさい。

　はじめまして、マリアと申します。出身はイギリスのロンドンです。今桜大学の一年生で19歳です。専攻は日本語ではありません。日本文化でもありません。国際関係です。趣味はスポーツです。特にテニスが好きです。こちらはリリアンさんです。私のクラスメートで20歳です。リリアンさんも留学生ですが、イギリス人ではありません。フランス人です。私もリリアンさんも日本は初めてです。日本語はまだ[注1]上手ではありません。どうぞよろしくお願いします。

注1：まだ／还，尚未

1. マリアさんもリリアンさんも一年生ですか。
   A　はい、そうです　　　　　　　　B　はい、違います
   C　いいえ、そうです　　　　　　　D　いいえ、違います
2. マリアさんの専攻は何ですか。
   A　日本語です　　　　　　　　　　B　日本文化です
   C　国際関係です　　　　　　　　　D　スポーツです
3. リリアンさんはどこの国の人ですか。
   A　フランス　　　　B　アメリカ　　　　C　ロンドン　　　　D　イギリス
4. 次の中で正しいのはどれですか。
   A　マリアさんもリリアンさんもテニスが好きです
   B　マリアさんもリリアンさんも日本語が上手ではありません
   C　マリアさんは20歳で、リリアンさんのクラスメートです
   D　リリアンさんはマリアさんの先輩です

問題十一　声を出して読んでみましょう。

　私は劉欣欣と申します。中国の大連から^{注1}の留学生です。専攻は日本経済です。張さんは私のルームメートです。一年生で、私の後輩です。張さんも大連出身です。専攻は経済ではありません。日本文学です。王さんは私たちの先輩です。大学院生です。専攻は日本経済ではありません。文学でもありません。国際関係です。今日はいい天気^{注2}です。午後は三人で買い物に行く予定です^{注3}。

注1：〜から／来自……
注2：いい天気／好天气
注3：買い物に行く予定です/打算去购物

翻訳

問題十二　次の文章を日本語に訳しなさい。

　　你好，我姓张，是日语学院三年级学生。这位是小李，小李也是日语专业的。小李不是三年级学生，是一年级学生。（他）是我的学弟。我和小李都是北京人。

　　铃木老师是我们的日语老师。（他的）妻子不是日本人，也不是中国人，是美国人。

1. 日本語訳を書きなさい。

_____
_____
_____
_____

2. 中国語の原文だけを見て、声を出して日本語に訳しなさい。（日本語訳を見ないでください。）

問題十三　次の文章を中国語に訳しなさい。

　みなさん、はじめまして、田中です。中国語専攻の留学生です。出身は日本の東京です。木下さんは私の先輩です。専攻は中国語ではありません。中国文学です。山田さんも私の先輩です。彼女も中国文学の専攻です。王さんは私の友達です。留学生ではありません。先生でもありません。会社員です。

1. 中国語訳を書きなさい。

_____
_____

2. 日本語の原文だけを見て、声を出して中国語に訳しなさい。（中国語訳を見ないでください。）

自我评价表

A完成得很好　B完成得一般　C完成得不理想

	练习	练习内容	练习目的	自我评价
课前预习	练习1	汉字标注假名	掌握日语汉字读音	A・B・C
	练习2	听写汉字	掌握日语汉字书写	A・B・C
	练习3	填写外来语	掌握外来语的书写及含义	A・B・C
	练习4	填写词例，调查词性	了解日语词汇的词性	A・B・C
课后总结	练习1	总结语法要点	巩固本课所学的语法知识	A・B・C
	练习2	使用知识要点达成交际目标	提高知识要点的实际应用能力	A・B・C
自我检测	问题一	汉字标注假名	掌握日语汉字读音	A・B・C
	问题二	假名标注汉字	掌握日语汉字书写	A・B・C
	问题三	外来语选择	掌握外来语的书写及含义	A・B・C
	问题四	词汇选择	掌握词汇的含义及用法	A・B・C
	问题五	助词填空	掌握助词的用法	A・B・C
	问题六	完成句子	掌握句型的接续及用法	A・B・C
	问题七	句子语法1（选择语法项目）	提高语法知识的综合应用能力	A・B・C
	问题八	句子语法2（组合句子）		A・B・C
	问题九	阅读理解	提高分析、理解日语文章的能力	A・B・C
	问题十			A・B・C
	问题十一	日语短文朗读	掌握规范的语音、语调，培养语感	A・B・C
	问题十二	汉译日	巩固所学语法、词汇，提高综合应用能力	A・B・C
	问题十三	日译汉		A・B・C

第2課

私の家族

课前预习

请观看第2课的视频，预习本课单词、句型等相关知识后，在课前完成下列练习。

练习1　请给下列单词标注读音。

1. 一人っ子＿＿＿＿＿＿＿＿＿＿＿＿
2. 4人家族＿＿＿＿＿＿＿＿＿＿＿＿
3. 弟＿＿＿＿＿＿＿＿＿＿＿＿＿＿＿
4. 絵本＿＿＿＿＿＿＿＿＿＿＿＿＿＿
5. 公務員＿＿＿＿＿＿＿＿＿＿＿＿＿
6. 左＿＿＿＿＿＿＿＿＿＿＿＿＿＿＿
7. 妻＿＿＿＿＿＿＿＿＿＿＿＿＿＿＿
8. 料理＿＿＿＿＿＿＿＿＿＿＿＿＿＿
9. 電子辞書＿＿＿＿＿＿＿＿＿＿＿＿
10. 机＿＿＿＿＿＿＿＿＿＿＿＿＿＿＿

练习2　请听录音，写汉字。 🎧

1. 自転車の（　　　　）
2. 家族の（　　　　）
3. 三歳年上の（　　　　）
4. 車の（　　　　）
5. 奥さんの（　　　　）
6. （　　　　）と消しゴム
7. この（　　　　）
8. 料理の（　　　　）
9. 父と母の（　　　　）
10. （　　　　）の人

练习3　请结合括号内的提示写出外来语补全句子，并写出相应的英语单词。

1. この＿＿＿＿＿＿＿＿＿（电脑）は誰のですか。　　　　英语：＿＿＿＿＿＿＿
2. これは誰の＿＿＿＿＿＿＿＿＿（笔）ですか。　　　　英语：＿＿＿＿＿＿＿
3. それは私の＿＿＿＿＿＿＿＿＿（笔记本）ではありません。　　英语：＿＿＿＿＿＿＿
4. これはうちの＿＿＿＿＿＿＿＿＿（宠物）の写真です。　　英语：＿＿＿＿＿＿＿
5. どの＿＿＿＿＿＿＿＿＿（杯子）が木村さんのですか。　　英语：＿＿＿＿＿＿＿

12

6. これは＿＿＿＿＿＿（电视）ではありません。　　　　英语：＿＿＿＿＿＿＿

7. これは私の＿＿＿＿＿＿（收音机）でもありません。　英语：＿＿＿＿＿＿＿

8. 兄は今年28歳で＿＿＿＿＿＿（工程师）です。　　　英语：＿＿＿＿＿＿＿

9. この＿＿＿＿＿＿（相机）は王さんのですね。　　　英语：＿＿＿＿＿＿＿

练习4　了解日语的「こ・そ・あ・ど」和数字。

1. 了解日语的「こ・そ・あ・ど」，填写下表。

词性（作用）	（这）	（那）	（那）	（哪）
代词（指代事物）				
连体词（指代人、事物等）				
代词（指代场所）				
代词（指代人、事物、方位、场所等）				

请思考"これ／それ／あれ／どれ"和"この／その／あの／どの"的区别（结合各自词性），随后翻译下列内容。

这支铅笔 ＿＿＿＿＿＿　　　那本书 ＿＿＿＿＿＿　　　哪个人＿＿＿＿＿＿

2. 学习日语的数字。

（1）学习教材中关于"数字"的内容。

（2）请用平假名写出下列数字的日语读法，并提交自己朗读的音频。

49		807		3560		1621	
2004		46372		18歳		20歳	

（3）听录音写数字。 🎧

课后总结

练习1　对照本课的语法要点，填写下表。

语法要点	造句	语法细节
これ／それ／あれは～です。		
この／その／あの～は～です。		
～は～のです。		
～は～で、（～は）～です。		
どれ／どの～		
～の～		
～と～		
～ね		

练习2　使用本课知识要点，尝试达成以下的交际目标。

1. 使用日语指示词谈论身边的事物。

_____

_____

_____

2. 询问对方家庭成员的情况。

_____

_____

_____

3. 介绍家庭情况。

_____

_____

_____

自我检测

言語知識（文字・語彙）

問題一　次の下線の単語を平仮名で書きなさい。

1. お姉さんは大学生ですね。（　　　　）
2. これは何の雑誌ですか。（　　　　）
3. 陳さんの右の人は宏さんです。（　　　　）
4. 母は銀行員です。（　　　　）
5. あの女の人はだれですか。（　　　　）
6. こちらは息子の武です。（　　　　）
7. これは魚の料理ですか。（　　　　）
8. 弟の右は妹です。（　　　　）
9. 妻のマリーは日本人じゃありません。（　　　　）
10. 劉さんは何人兄弟ですか。（　　　　）

問題二　次の下線の単語を漢字で書きなさい。

1. どれが王さんのかさですか。（　　　　）
2. それはえほんです。（　　　　）
3. これは陳さんのとけいですね。（　　　　）
4. このえんぴつはだれのですか。（　　　　）
5. これはじてんしゃの鍵です。（　　　　）
6. 兄は今年32歳で、こうむいんです。（　　　　）
7. あれはでんしじしょです。（　　　　）
8. 陳さんのとなりの人は王さんです。（　　　　）
9. それはだれのけいたいでんわですか。（　　　　）
10. これ、フランス語のしんぶんですね。（　　　　）

問題三 ＿＿＿＿に何が入りますか。Ａ・Ｂ・Ｃ・Ｄから一番適切なものを一つ選びなさい。

1. これはうちの＿＿＿＿の写真です。名前は「黒」です。
   A　カメラ　　　　　B　カップ　　　　　C　ラジオ　　　　　D　ペット

2. 父は＿＿＿＿です。
   A　エンジン　　　　B　パソコン　　　　C　エンジニア　　　D　ノート

3. これはだれの＿＿＿＿ですか。
   A　カノリ　　　　　B　カレラ　　　　　C　カヌリ　　　　　D　カメラ

4. どの＿＿＿＿が陳さんのですか。
   A　カップ　　　　　B　カープ　　　　　C　カッフ　　　　　D　カーブ

問題四 ＿＿＿＿に何が入りますか。Ａ・Ｂ・Ｃ・Ｄから一番適切なものを一つ選びなさい。

1. 「陳さんは＿＿＿＿家族ですか。」
   「5人家族です。」
   A　なんにん　　　　B　なんじん　　　　C　なんひと　　　　D　なんの

2. 「娘さんは＿＿＿＿ですか。」
   「7歳です。」
   A　だれ　　　　　　B　おいくつ　　　　C　なんひと　　　　D　なんの

3. これは＿＿＿＿の問題ですか。
   A　なん　　　　　　B　なに　　　　　　C　どれ　　　　　　D　どの

4. これは＿＿＿＿の自転車ですか。
   A　なん　　　　　　B　なに　　　　　　C　どれ　　　　　　D　だれ

5. 「こちらの方は奥さんですか。」
   「ええ、＿＿＿＿の夏江です。」
   A　おくさん　　　　B　おく　　　　　　C　私　　　　　　　D　つま

6. これは息子の武＿＿＿＿です。
   A　さん　　　　　　B　くん　　　　　　C　×　　　　　　　D　さま

7. 「＿＿＿＿は中学生ですね。」
   「ええ、二年生です。」
   A　息子　　　　　　B　娘　　　　　　　C　子ども　　　　　D　お子さん

言語知識（文法）

問題五 ＿＿＿＿に適切な仮名を入れなさい。

1. （両人間有一定距离）「これは何ですか。」

「＿＿ ＿＿は電子辞書です。」
2. 「＿＿ ＿＿が小林さんのノートですか。」
「これ＿＿私のです。」
3. （两人在一起，指着远处的物品）「＿＿ ＿＿は誰の傘ですか。」
「どれですか。」
（走到物品旁边）「＿＿ ＿＿です。」
「それは田中さんのです。」
4. （两人在一起）「＿＿ ＿＿車は木村さんのですか。」
「はい、これは木村さんのです。」
5. 「＿＿ ＿＿ペンが王さんのですか。」
「このペン＿＿私のです。」
6. （两人有一定距离）「この本は＿＿ ＿＿のですか。」
「＿＿ ＿＿本は大野さん＿＿です。」
7. 「＿＿ ＿＿ 机ですか。」
「その机です。」

問題六　例のように次の文を完成させなさい。

例「これは張さんのですか。」
「はい、これ/それは私のです。」
1. 「上野さんの傘は＿＿＿＿＿＿＿＿。」
（指着靠近自己的物品）「私のは＿＿＿＿＿＿＿＿。」
2. 「あの傘はだれのですか。」
「＿＿＿＿＿＿＿＿ 。」
「あの赤い傘です。」
「あれは王さん＿＿＿＿＿＿＿。」
3. 「これは日本語で＿＿＿＿＿＿＿＿。」
「それは絵本です。」
4. 「＿＿＿＿＿＿＿＿。」
「あれはノートパソコンです。」
「＿＿＿＿＿＿＿＿。」
「鈴木さんのです。」

問題七　＿＿＿＿に何が入りますか。Ａ・Ｂ・Ｃ・Ｄから一番適切なものを一つ選びなさい。

1. ＿＿＿＿が山下さんの机ですか。
　　Ａ　なん　　　　　　Ｂ　なに　　　　　　Ｃ　どれ　　　　　　Ｄ　どの

2. _____消しゴムはマリアさんのです。
　　A　それ　　　　　　B　その　　　　　　C　どれ　　　　　　D　どの
3. 「山下さんは_____学部ですか。」
　　「中国語学部です。」
　　A　それ　　　　　　B　その　　　　　　C　どれ　　　　　　D　どの
4. 「それは何ですか。」
　　「_____はノートパソコンです。」
　　A　その　　　　　　B　この　　　　　　C　これ　　　　　　D　あれ
5. 「あれは何ですか。」
　　「_____は絵本です。」
　　A　これ　　　　　　B　それ　　　　　　C　あれ　　　　　　D　どれ
6. 前の人は留学生_____ソフィアさんです。
　　A　と　　　　　　　B　が　　　　　　　C　か　　　　　　　D　の
7. このノートは誰_____ですか。
　　A　で　　　　　　　B　と　　　　　　　C　の　　　　　　　D　×
8. ジョンシュアさん_____ダニエルさんはアメリカ人で、スミスさんはイギリス人です。
　　A　で　　　　　　　B　と　　　　　　　C　の　　　　　　　D　も
9. 姉は今年26歳_____、ABC商社の社員です。
　　A　で　　　　　　　B　と　　　　　　　C　の　　　　　　　D　×
10. 「どの辞書_____木村さんのですか。」
　　「これ_____私のです。」
　　A　は／は　　　　　B　が／が　　　　　C　は／が　　　　　D　が／は
11. 「失礼ですが、日本の方です_____。」
　　「はい、そうです。」
　　A　が　　　　　　　B　の　　　　　　　C　か　　　　　　　D　ね
12. 「お元気ですか。」
　　「_____。」
　　A　では、お元気で　B　いただきます　C　おかげさまで　D　ごめんなさい

問題八　_____★_____に入るものはどれですか。Ａ・Ｂ・Ｃ・Ｄから一番適切なものを一つ選びなさい。

1. _____　　_____★_____　_____。
　　A　この机と　　　　B　です　　　　　　C　木村さんの　　　D　この椅子は
2. 木村さん_____　_____　_____★_____　_____か。
　　A　後ろ　　　　　　B　の　　　　　　　C　だれです　　　　D　は

3. 王さん_____ _____ _★_ _____です。

    A　張さんの　　　　B　李さん　　　　C　と　　　　　　D　間は

4. どれ_____ _____ _★_ _____。

    A　ですか　　　　　B　辞書　　　　　C　王さんの　　　D　が

読解

問題九　次の文を読んで質問に答えなさい。

  私は田中正太郎です。今年19歳です。桜大学中国語学部の留学生です。

  私は5人家族です。父と母、兄と姉と私です。これは家族の写真です。

  前は父と母です。父は大学の教授で、母は家庭主婦です。

  私の左は兄です。今年28歳で、会社員です。私の右は姉です。今年24歳で、大学院生です。専攻は経済学です。

1. 「私」は何人兄弟ですか。兄弟の中で何番目ですか。

    _____

2. 「私」の前はだれですか。

    _____

3. お兄さんの仕事は何ですか。

    _____

4. お姉さんは何歳年上ですか。

    _____

5. 「私」はどの大学の学生ですか。

    _____

問題十　次の文を読んで質問に答えなさい。答えはA・B・C・Dから一番適切なものを一つ選びなさい。

  ここはうちの大学[注1]の本館です。1・2階は全部事務室です。3・4・5階は先生がた[注2]の研究室で、日本語の先生の研究室は4階です。本館の左は体育館で、右は食堂です。食堂の後ろは図書館_____運動場です。図書館の館長は文学部の小野先生です。図書館の休みは日曜日です。

注1：うちの大学／我的大学

注2：〜がた／……们（表尊敬）

1. 事務室は何階ですか。

    A　1階です。　　　B　2階です。　　　C　1階か2階です。　　D　1階と2階です。

2. 本館の4階は何ですか。

    A　事務室です。　　　　　　　　　　B　図書室です。

    C　先生がたの食堂です。　　　　　　D　日本語の先生の研究室です。

3. 図書館はどこですか。

    A　体育館の右です。　　　　　　　　B　運動場の隣です。

    C　本館の前です。　　　　　　　　　D　食堂の左です。

4. ＿＿＿＿のところに何を入れますか。

    A　も　　　　　　B　か　　　　　　C　の　　　　　　D　と

5. 図書館の休館日はいつですか。

    A　月曜日です。　　　　　　　　　　B　土曜日と日曜日です。

    C　日曜日です。　　　　　　　　　　D　月曜日と日曜日です。

問題十一　声を出して読んでみましょう。

　みなさん、桜外国語大学へようこそ。桜外国語大学は１９７０年創設の外国語大学です。現在の学生数は約１万5千人です。

　ここは図書館です。日本語の本は4階です。英語の本も4階です。学生の教室はここではありません。隣の1号館です。

　図書館の後ろは食堂と学生の寮です。

翻訳

問題十二　次の文章を日本語に訳しなさい。

A：那是谁的?

B：哪个?

A：（走近目标）这张照片。

B：是我家人的照片。

A：这位是你父亲吗?

B：你是说前排左边的人吗? 是的。父亲旁边是我妹妹。

A：妹妹今年多大?

B：16岁。

A：那（比你）小2岁啦?

1. 日本語訳を書きなさい。

_____

_____

_____

_____

_____

_____

_____

_____

_____

_____

2. 中国語の原文だけを見て、声を出して日本語に訳しなさい。（日本語訳を見ないでください。）

問題十三　次の文章を中国語に訳しなさい。

　ここは私の教室です。この机は私のです。机の上のノートとペンも私のです。しかし、辞書は私のではありません。隣の席の劉さんのです。これは何だと思いますか。電子辞書です。私のではありません。劉さんのでもありません。先生のです。

1. 中国語訳を書きなさい。

_____

_____

_____

2. 日本語の原文だけを見て、声を出して中国語に訳しなさい。（中国語訳を見ないでください。）

自我评价表

A完成得很好　B完成得一般　C完成得不理想

	练习	练习内容	练习目的	自我评价
课前预习	练习1	汉字标注假名	掌握日语汉字读音	A·B·C
	练习2	听写汉字	掌握日语汉字书写	A·B·C
	练习3	填写外来语	掌握外来语的书写及含义	A·B·C
	练习4	填写指示词和数字读音	了解日语的指示词和数字	A·B·C
课后总结	练习1	总结语法要点	巩固本课所学的语法知识	A·B·C
	练习2	使用知识要点达成交际目标	提高知识要点的实际应用能力	A·B·C
自我检测	问题一	汉字标注假名	掌握日语汉字读音	A·B·C
	问题二	假名标注汉字	掌握日语汉字书写	A·B·C
	问题三	外来语选择	掌握外来语的书写及含义	A·B·C
	问题四	词汇选择	掌握词汇的含义及用法	A·B·C
	问题五	指示词、疑问词、助词填空	掌握指示词、疑问词、助词的用法	A·B·C
	问题六	完成句子	掌握句型的接续及用法	A·B·C
	问题七	句子语法1（选择语法项目）	提高语法知识的综合应用能力	A·B·C
	问题八	句子语法2（组合句子）		A·B·C
	问题九	阅读理解	提高分析、理解日语文章的能力	A·B·C
	问题十			A·B·C
	问题十一	日语短文朗读	掌握规范的语音、语调，培养语感	A·B·C
	问题十二	汉译日	巩固所学语法、词汇，提高综合应用能力	A·B·C
	问题十三	日译汉		A·B·C

第3課

私の寮

请观看第3课的视频，预习本课单词、句型等相关知识后，在课前完成下列练习。

练习1　请给下列单词标注读音。

1. 図書館＿＿＿＿＿＿＿＿＿＿　　2. 質問＿＿＿＿＿＿＿＿＿＿

3. 漫画＿＿＿＿＿＿＿＿＿＿　　4. 金魚＿＿＿＿＿＿＿＿＿＿

5. 池＿＿＿＿＿＿＿＿＿＿＿　　6. 部屋＿＿＿＿＿＿＿＿＿＿

7. 正門＿＿＿＿＿＿＿＿＿＿　　8. 横＿＿＿＿＿＿＿＿＿＿＿

9. 桜＿＿＿＿＿＿＿＿＿＿＿　　10. 女子寮＿＿＿＿＿＿＿＿＿

11. 運動場＿＿＿＿＿＿＿＿＿　　12. 犬＿＿＿＿＿＿＿＿＿＿＿

练习2　请听录音，写汉字。 🎧

1. （　　　　　）の隣　　　　　2. 部屋の（　　　　　）

3. 大学の（　　　　　）　　　　4. 日本語（　　　　　）

5. （　　　　　）の前　　　　　6. 先生の（　　　　　）

7. （　　　　　）の本　　　　　8. （　　　　　）の上

9. （　　　　　）のトイレ　　　10. （　　　　　）の中

11. （　　　　　）があります　　12. 学校の（　　　　　）

练习3　请结合括号内的提示写出外来语补全句子，并写出相应的英语单词。

1. 部屋に＿＿＿＿＿＿＿（床）が二つあります。　　　　英语：＿＿＿＿＿＿＿
2. かばんの中に＿＿＿＿＿＿＿（笔记本电脑）があります。　英语：＿＿＿＿＿＿＿
3. 大学の近くに＿＿＿＿＿＿＿（百货商店）はありません。　英语：＿＿＿＿＿＿＿
4. この＿＿＿＿＿＿＿（校园）には図書館はありません。　　英语：＿＿＿＿＿＿＿
5. 劉さんは私の＿＿＿＿＿＿＿（室友）です。　　　　　　英语：＿＿＿＿＿＿＿
6. 箱の中に＿＿＿＿＿＿＿（香蕉）が3本あります。　　　英语：＿＿＿＿＿＿＿
7. 机の上に＿＿＿＿＿＿＿（日历）や電子辞書などがあります。英语：＿＿＿＿＿＿＿
8. 寮の2階に＿＿＿＿＿＿＿（卫生间）が二つあります。　　英语：＿＿＿＿＿＿＿
9. 銀行の隣の＿＿＿＿＿＿＿（大楼）は郵便局です。　　　英语：＿＿＿＿＿＿＿

练习4　听录音，记住数量词的发音。

量词	1	2	3	4	5	6	7	8	9	10	なん
人	1人	2人	3人	4人	5人	6人	7人	8人	9人	10人	何人
歳	1歳	2歳	3歳	4歳	5歳	6歳	7歳	8歳	9歳	10歳	何歳
つ	一つ	二つ	三つ	四つ	五つ	六つ	七つ	八つ	九つ	十	いくつ
個	1個	2個	3個	4個	5個	6個	7個	8個	9個	10個	何個
枚	1枚	2枚	3枚	4枚	5枚	6枚	7枚	8枚	9枚	10枚	何枚
本	1本	2本	3本	4本	5本	6本	7本	8本	9本	10本	何本
冊	1冊	2冊	3冊	4冊	5冊	6冊	7冊	8冊	9冊	10冊	何冊
台	1台	2台	3台	4台	5台	6台	7台	8台	9台	10台	何台
階	1階	2階	3階	4階	5階	6階	7階	8階	9階	10階	何階

课后总结

练习1　对照本课的语法要点，填写下表。

语法要点	造句	语法细节
〜は〜にあります。 　　　に(は)ありません。		
〜は〜にいます。 　　　に(は)いません。		
〜に〜があります。 　　はありません。		
〜に〜がいます。 　　はいません。		
〜は〜があります。 　　　います。		
〜は(场所)です。 　　　ではありません。		
〜が〜と〜があります。 　　　　　います。		

练习2　使用本课知识要点，尝试达成以下的交际目标。

1. 向别人介绍自己的大学。

_____

_____

_____

2. 向别人介绍学校的图书馆。

_____

_____

_____

3. 向别人介绍自己的寝室。

_____

_____

_____

自我检测

言語知識（文字・語彙）

問題一　次の下線の単語を平仮名で書きなさい。

1. 王さんは体育館の2階にいます。（　　　　　）
2. かばんの中に漫画や教科書などがあります。（　　　　　）
3. この部屋には窓はありません。（　　　　　）
4. この寮は男子寮で、3階あります。（　　　　　）
5. ドアの外に犬がいます。（　　　　　）
6. 引き出しの中にノートが何冊ありますか。（　　　　　）
7. 池のそばに花がたくさんあります。（　　　　　）
8. 田中さんは鉛筆が3本あります。（　　　　　）
9. 学校の近くに郵便局はありません。市内にあります。（　　　　　）
10. 大学のキャンパスの中に桜の木があります。（　　　　　）

問題二　次の下線の単語を漢字で書きなさい。

1. 先生はこどもが二人います。（　　　　　）
2. 一つのフロアにきょうようのトイレがあります。（　　　　　）
3. でんわは机の上にあります。（　　　　　）
4. 先生のけんきゅうしつはこの建物の5階にあります。（　　　　　）
5. うんどうじょうには、学生が誰もいません。（　　　　　）
6. 図書館の前にねこがいます。（　　　　　）
7. 学校の正門のよこに郵便局があります。（　　　　　）
8. 私のへやは3階にあります。（　　　　　）
9. 教室の後ろにちずがあります。（　　　　　）
10. こくばんは教室の前にあります。（　　　　　）

問題三　_____に何が入りますか。Ａ・Ｂ・Ｃ・Ｄから一番適切なものを一つ選びなさい。

1. 私の寮に_____が四つあります。
   Ａ　ヘット　　　　　　　Ｂ　ヘッド　　　　　　Ｃ　ベッド　　　　　　Ｄ　ペット
2. _____に二十四節気（にじゅうしせっき）の紹介があります。
   Ａ　カレンター　　　　　Ｂ　カーレンター　　　Ｃ　カーレンダ　　　　Ｄ　カレンダー

3. _____に留学生はいません。

   A　キャンバス　　　　B　キャンパス　　　　C　キャーンバス　　　D　キャーンパス

4. _____の楊さんは今図書館にいます。

   A　メールメート　　　B　ルームメード　　　C　ルームメート　　　D　メールメード

5. かばんの中に_____が3本あります。

   A　カメラ　　　　　　B　テレビ　　　　　　C　バナナ　　　　　　D　ラジオ

6. 机の上に_____1台があります。

   A　ペン　　　　　　　B　カップ　　　　　　C　ノート　　　　　　D　ノートパソコン

7. _____は寮の各階にあります。

   A　ビル　　　　　　　B　トイレ　　　　　　C　デパート　　　　　D　キャンパス

問題四　_____に何が入りますか。A・B・C・Dから一番適切なものを一つ選びなさい。

1. 私の部屋は留学生寮の306_____です。

   A　階　　　　　　　　B　台　　　　　　　　C　号室　　　　　　　D　番目

2. 体育館の_____に食堂があります。

   A　うえ　　　　　　　B　した　　　　　　　C　なか　　　　　　　D　よこ

3. すみませんが、質問は_____一つあります。

   A　これ　　　　　　　B　もう　　　　　　　C　そんな　　　　　　D　どうも

4. かばんの中に_____もありません。

   A　だれ　　　　　　　B　どこ　　　　　　　C　なん　　　　　　　D　なに

5. _____ことはありません。

   A　この　　　　　　　B　その　　　　　　　C　あの　　　　　　　D　そんな

6. 「_____、すみません。」

   「はい。」

   A　ああ　　　　　　　B　あれっ　　　　　　C　あのう　　　　　　D　えっ

言語知識（文法）

問題五　_____に適切な仮名を入れなさい。

1. 週末の公園___ペット___たくさんいます。

2. 机の上に本___ペンなど___あります。

3. 朝5時の運動場___誰___いません。

4. キャンパス___体育館___二つあります。

5. 運動場___体育館___寮___間___あります。

6.「かばん＿＿中＿＿何＿＿ありますか。」
　「いいえ、何＿＿ありませんよ。」

7. 鈴木先生＿＿息子＿＿一人＿＿娘＿＿二人います。

8.「箱＿＿中＿＿何＿＿ありますか。」
　「はい、あります。」
　「何＿＿ありますか。」
　「本＿＿雑誌など＿＿あります。」

問題六　例のように次の文を完成させなさい。

例「箱の中にりんごが＿いくつ・何個＿ありますか。」（三）
　「りんごが＿三つ・3個＿あります。」

1.「部屋に子供が＿＿＿＿＿＿いますか。」（二）
　「＿＿＿＿＿＿います。」

2.「お子さんは今年＿＿＿＿＿＿ですか。」（二十）
　「＿＿＿＿＿＿です。」

3.「駐車場に車が＿＿＿＿＿＿ありますか。」（十）
　「＿＿＿＿＿＿あります。」

4.「この建物は＿＿＿＿＿＿ありますか。」（六）
　「＿＿＿＿＿＿あります。」

5.「机の上に日本語の教科書が＿＿＿＿＿＿ありますか。」（八）
　「＿＿＿＿＿＿あります。」

6.「閲覧室にDVDが＿＿＿＿＿＿ありますか。」（九）
　「＿＿＿＿＿＿あります。」

7.「机の上に鉛筆が＿＿＿＿＿＿ありますか。」（一）
　「＿＿＿＿＿＿あります。」

問題七　＿＿＿＿に何が入りますか。A・B・C・Dから一番適切なものを一つ選びなさい。

1.「田中先生は今研究室にいますか。」
　「いいえ、先生は今研究室＿＿＿＿いません。教室＿＿＿＿います。」
　A　には／が　　　　B　は／には　　　　C　には／に　　　D　には／も

2. 日本語の本は図書館の5階の東の棚＿＿＿＿あります。
　A　に　　　　　　　B　と　　　　　　　C　が　　　　　　D　も

3.「池の中に＿＿＿＿いますか。」
　「はい、鯉やガチョウなどがいます。」
　A　誰か　　　　　　B　どこか　　　　　C　どれか　　　　D　何か

28

4. 「引き出しの中に_____ありますか。」

「はい、あります。」

A 何が　　　　　B 何か　　　　　C 何と　　　　　D 何も

5. 「傘はどこですか。」

「はい、部屋のどこ_____にあります。」

A が　　　　　B か　　　　　C は　　　　　D も

6. 教室の前に地図_____時計などがあります。

A が　　　　　B と　　　　　C も　　　　　D や

7. 「箱の中に何かありますか。」

「いいえ、_____ありません。」

A 何か　　　　　B 何が　　　　　C 何と　　　　　D 何も

8. 「今、寮に_____いますか。」

「はい、います。」

「_____いますか。」

「李さんと王さんがいます。」

A だれが／だれか　　　　　　　　B だれか／だれが

C なにが／なにか　　　　　　　　D なにか／なにが

問題八　__★__に入るものはどれですか。A・B・C・Dから一番適切なものを一つ選びなさい。

1. かばんの中に_____ _____ __★__ _____あります。

A 3本　　　　　B 本が　　　　　C ペンが　　　　　D 2冊と

2. デパートの_____ _____ __★__ _____あります。

A に　　　　　B 前　　　　　C 4台　　　　　D 車が

3. 教室に女子学生が23人_____ _____ __★__ _____います。

A が　　　　　B と　　　　　C 6人　　　　　D 男子学生

4. 郵便局は_____ __★__ _____ _____あります。

A デパート　　　　　B 銀行と　　　　　C に　　　　　D の間

5. 私の寮に__★__ _____ _____ _____あります。

A 椅子　　　　　B など　　　　　C 机や　　　　　D が

読解

問題九　次の文を読んで質問に答えなさい。

　　私の寮は運動場の後ろにあります。寮の隣に広場があります。広場にいつも学生がたくさんいます。広場の真ん中に時計台があります。時計台の横にいすがあります。

　　私の寮は男子寮で、7階建て[注1]です。私の部屋は6階です。部屋には机が二つと椅子が六つあります。ベッドが四つあります。私の机の上には日本語の本や辞書などがあります。部屋にテレビはありません。トイレもありません。一つのフロアに共用のトイレがあります。

　　私は今寮にはいません。図書館にいます。寮にはルームメートの王さんと李さんがいます。

注1：～建て／（楼房的）层

　　1.「私」の寮はどこですか。

　　_____

　　2. 広場はどこにありますか。

　　_____

　　3. 広場に誰がいますか。

　　_____

　　4. 広場に何がありますか。

　　_____

　　5.「私」の寮は男子寮ですか、女子寮ですか。全部で何階ありますか。

　　_____

　　6.「私」の部屋は何階ですか。部屋に何がありますか。

　　_____

　　7. トイレはどこにありますか。

　　_____

　　8.「私」は今、どこにいますか。

　　_____

　　9. 今、寮に誰がいますか。

　　_____

問題十　次の文を読んで質問に答えなさい。答えはA・B・C・Dから一番適切なもの
　　　　を一つ選びなさい。

　　私の大学の図書館は本館と新館があります。本館は管理棟の後ろにあります。新館は学生寮の
前にあります。本館は4階建てです。本館の1階には雑誌のコーナーがあります。英語や日本語
など、外国の雑誌もたくさんあります。日本語の雑誌は一番前の棚にあります。小説など文学の
本は2階にあります。日本の小説は左側の本棚にあります。雑誌や本のほかに^{注1}、音楽のCDや
DVDなどもあります。昔はカセットテープもありましたが、今はありません。
　　新館にはゼミ室やビデオルームもあります。そのほかに、自習室もあります。自習室は新館の
3階にあります。週末、私はいつもそこで勉強します。自習室にはパソコンなどもあります。と
ても便利です。

注1：～のほかに／除……以外

　　1. 本館はどこにありますか。
　　　　A　管理棟のまえ　　　　　　　　　　　　B　管理棟の後ろ
　　　　C　学生寮のまえ　　　　　　　　　　　　D　学生寮の後ろ
　　2. 日本語の雑誌はどこにありますか。
　　　　A　本館の1階　　　　B　本館の2階　　　　C　本館の4階　　　　D　新館の3階
　　3. 日本語の小説はどこにありますか。
　　　　A　本館の1階　　　　B　本館の2階　　　　C　本館の4階　　　　D　新館の3階
　　4. 「私」はいつもどこで勉強しますか。
　　　　A　本館の1階　　　　　　　　　　　　　　B　新館のゼミ室
　　　　C　新館の自習室　　　　　　　　　　　　D　新館のビデオルーム
　　5. 図書館の説明として正しいものはどれですか。
　　　　A　学生寮の前に本館があります。
　　　　B　本館の1階に小説など文学の本があります。
　　　　C　本館の2階に雑誌や本や音楽のCDやDVDなどがあります。
　　　　D　新館の自習室にカセットテープやパソコンがあります。

問題十一　声を出して読んでみましょう。

私（わたし）の大学（だいがく）

　　私（わたし）の大学（だいがく）は〇〇大学（だいがく）です。
　　私（わたし）は日本語学院（にほんごがくいん）の一年生（いちねんせい）です。日本語学院（にほんごがくいん）は 11 号館（じゅういちごうかん）にあります。 11 号館（じゅういちごうかん）の後（うし）ろは「文体
館（ぶんたいかん）」です。「文体館（ぶんたいかん）」の左（ひだり）に食堂（しょくどう）があります。日本語専攻（にほんごせんこう）の学生（がくせい）は全部（ぜんぶ）で2000人（にせんにん）ぐらいです。
　　日本語学院（にほんごがくいん）の前（まえ）は10号館（じゅうごうかん）です。10号館（じゅうごうかん）にソフトウェア学院（がくいん）があります。ソフトウェア学院（がくいん）の
右（みぎ）に図書館（としょかん）があります。

　　ソフトウェア学院の前に池があります。池の横に桜の木があります。池の中に鯉やガチョウ
などがいます。
　　大学の正面に桜大学があります。
　　私は私の大学が大好きです。

翻訳

問題十二　次の文章を日本語に訳しなさい。

　　我的家在大连。这是我家的照片。我家在三层，有三个房间。我的房间在卫生间的旁边。我的
房间里有电脑和电视。家里有一只猫和一只狗。平时[注1]爸爸妈妈不在家。猫平时都在我的房间。

注1：平时／普段

1. 日本語訳を書きなさい。

　　_____

　　_____

　　_____

2. 中国語の原文だけを見て、声を出して日本語に訳しなさい。（日本語訳を見ないでください。）

問題十三　次の文章を中国語に訳しなさい。

　　私たちの教室は11号館にあります。教室の前には時計や黒板などがあります。教室には地図
や本棚などもあります。本棚の上に花瓶があります。
　　鈴木先生は黒板の前にいます。鈴木先生の右にゴミ箱があります。教卓[注1]にはパソコンがあ
ります。教室に楊さんと王さんと李さんがいます。王さんは楊さんと李さんの間にいます。楊さ
んの机の上には鉛筆や消しゴムなどがあります。李さんの机の上には何もありません。

注1：教卓／讲桌

1. 中国語訳を書きなさい。

　　_____

　　_____

　　_____

2. 日本語の原文だけを見て、声を出して中国語に訳しなさい。（中国語訳を見ないでください。）

自我评价表

A完成得很好　B完成得一般　C完成得不理想

	练习	练习内容	练习目的	自我评价
课前预习	练习1	汉字标注假名	掌握日语汉字读音	A·B·C
	练习2	听写汉字	掌握日语汉字书写	A·B·C
	练习3	填写外来语	掌握外来语的书写及含义	A·B·C
	练习4	听录音、练习数量词的发音	了解日语数量词的发音	A·B·C
课后总结	练习1	总结语法要点	巩固本课所学的语法知识	A·B·C
	练习2	使用知识要点达成交际目标	提高知识要点的实际应用能力	A·B·C
自我检测	问题一	汉字标注假名	掌握日语汉字读音	A·B·C
	问题二	假名标注汉字	掌握日语汉字书写	A·B·C
	问题三	外来语选择	掌握外来语的书写及含义	A·B·C
	问题四	词汇选择	掌握词汇的含义及用法	A·B·C
	问题五	助词填空	掌握助词的用法	A·B·C
	问题六	完成句子	掌握句型的接续及用法	A·B·C
	问题七	句子语法1（选择语法项目）	提高语法知识的综合应用能力	A·B·C
	问题八	句子语法2（组合句子）		A·B·C
	问题九	阅读理解	提高分析、理解日语文章的能力	A·B·C
	问题十			A·B·C
	问题十一	日语短文朗读	掌握规范的语音、语调，培养语感	A·B·C
	问题十二	汉译日	巩固所学语法、词汇，提高综合应用能力	A·B·C
	问题十三	日译汉		A·B·C

第4課

私の一日

课前预习

请观看第4课的视频，预习本课单词、句型等相关知识后，在课前完成下列练习。

练习1　请给下列单词标注读音。

1. 映画＿＿＿＿＿＿＿＿＿＿＿＿＿
2. 全然＿＿＿＿＿＿＿＿＿＿＿＿＿
3. 毎日＿＿＿＿＿＿＿＿＿＿＿＿＿
4. 食事＿＿＿＿＿＿＿＿＿＿＿＿＿
5. 夜＿＿＿＿＿＿＿＿＿＿＿＿＿
6. 散歩＿＿＿＿＿＿＿＿＿＿＿＿＿
7. 午前＿＿＿＿＿＿＿＿＿＿＿＿＿
8. 彼女＿＿＿＿＿＿＿＿＿＿＿＿＿
9. 歌＿＿＿＿＿＿＿＿＿＿＿＿＿
10. 場所＿＿＿＿＿＿＿＿＿＿＿＿＿
11. 帰る＿＿＿＿＿＿＿＿＿＿＿＿＿
12. 起きる＿＿＿＿＿＿＿＿＿＿＿＿＿
13. 飲む＿＿＿＿＿＿＿＿＿＿＿＿＿
14. 終わる＿＿＿＿＿＿＿＿＿＿＿＿＿
15. 始まる＿＿＿＿＿＿＿＿＿＿＿＿
16. 寝る＿＿＿＿＿＿＿＿＿＿＿＿＿

练习2　请听录音，写汉字。

1. （　　　）を読む
2. （　　　）へ行く
3. 今週の（　　　）
4. 日本語の（　　　）
5. （　　　）の後
6. （　　　）をする
7. （　　　）へ帰る
8. （　　　）の午後
9. 李さんの（　　　）
10. （　　　）をする
11. （　　　）を食べる
12. （　　　）を調べる

练习3　请结合括号内的提示写出外来语补全句子，并写出相应的英语单词。

1. 毎日＿＿＿＿＿＿＿（咖啡）を飲みますか。　　　　　英语：＿＿＿＿＿＿＿＿＿＿＿
2. ＿＿＿＿＿＿＿（果汁）はあまり飲みません。　　　　英语：＿＿＿＿＿＿＿＿＿＿＿

3. よく友達と一緒に＿＿＿＿＿（足球）をします。　　　　英语：＿＿＿＿＿＿

4. ＿＿＿＿＿（校车）で市内へ行きます。　　　　　　　英语：＿＿＿＿＿＿

5. 運動場で＿＿＿＿＿（慢跑）をします。　　　　　　　英语：＿＿＿＿＿＿

6. ＿＿＿＿＿（网络）で単語を調べます。　　　　　　　英语：＿＿＿＿＿＿

7. 学校から市内まで＿＿＿＿＿（公交车）で行きます。　英语：＿＿＿＿＿＿

8. 週末の＿＿＿＿＿（日程表）を調整します。　　　　　英语：＿＿＿＿＿＿

练习4　了解日语时间和日期的发音，以及动词连用形的肯定形、否定形。

1. 听录音，记忆时间和日期的发音，并注意观察其发音规律。🎧

番号	時	分	月	日
1	1時	1分	1月	1日
2	2時	2分	2月	2日
3	3時	3分	3月	3日
4	4時	4分	4月	4日
5	5時	5分	5月	5日
6	6時	6分	6月	6日
7	7時	7分	7月	7日
8	8時	8分	8月	8日
9	9時	9分	9月	9日
10	10時	10分	10月	10日

2. 请填写下表，并注意观察动词连用形 I 的变化规律。

分类	词例	肯定形	否定形
五段动词	歌う		
	行く		
	泳ぐ		
	話す		
	待つ		
	死ぬ		
	遊ぶ		
	読む		
	帰る		

（续表）

分类	词例	肯定形	否定形
一段动词	起きる		
	見る		
	食べる		
	調べる		
サ变动词	する		
	散歩する		
カ变动词	来る		

课后总结

练习1　对照本课的语法要点，填写下表。

语法要点	造句	语法细节
～から～までです。		
(いつも／よく／時々) ～ます。 (あまり／ほとんど／全然) ～ません。		
～は～が、～は～。		

练习2　使用本课知识要点，尝试达成以下的交际目标。

1. 向别人介绍中日两国的节日。

_____

_____

_____

2. 向别人介绍自己的校园生活（以周一到周五的某一天为例）。

_____

_____

_____

3. 向别人介绍自己的周末生活。

_____

_____

_____

自我检测

言語知識（文字・語彙）

問題一　次の下線の単語を平仮名で書きなさい。

1. 図書館で<u>単語</u>を調べます。（　　　　）
2. 会社は<u>午前</u>9時に始まります。（　　　　）
3. 私は<u>全然</u>サッカーをしません。（　　　　）
4. いつも一人で歌を<u>歌</u>います。（　　　　）
5. 土曜日か日曜日に<u>泳</u>ぎます。（　　　　）
6. <u>彼女</u>は毎朝ジュースを飲みます。（　　　　）
7. 毎日夜8時に<u>家</u>へ帰ります。（　　　　）
8. よく7時から9時まで<u>宿題</u>をします。（　　　　）
9. <u>週末</u>はいつも買い物します。（　　　　）
10. 時々学校の食堂で<u>食事</u>をします。（　　　　）
11. 教室でクラスメートと日本語で<u>話</u>します。（　　　　）
12. インターネットで資料を<u>調</u>べます。（　　　　）

問題二　次の下線の単語を漢字で書きなさい。

1. いつも誰と<u>いっしょ</u>に昼ご飯を食べますか。（　　　　）
2. コーヒーは<u>ときどき</u>飲みます。（　　　　）
3. 「今日は何曜日ですか。」
　「<u>もくようび</u>です。」（　　　　）

4. <u>ひるやすみ</u>は11時半からです。（　　　　）

5. よく図書館で<u>べんきょう</u>します。（　　　　）

6. スクールバスで<u>きっさてん</u>へ行きます。（　　　）

7. <u>えいが</u>はほとんど見ません。（　　　）

8. 来週は<u>しけん</u>がありますか。（　　　）

9. お<u>はし</u>でラーメンを食べます。（　　　）

10. 李さんの<u>たんじょうび</u>はいつですか。（　　　）

11. <u>まいあさ</u>何時に起きますか。（　　　）

12. <u>ゆうがた</u>、運動場でジョギングをします。（　　　　）

問題三　　　　_____に何が入りますか。Ａ・Ｂ・Ｃ・Ｄから一番適切なものを一つ選びなさい。

1. いつも喫茶店で_____を飲みますか。
　　Ａ　コヒー　　　　　　Ｂ　コーヒー　　　　　Ｃ　コピー　　　　　　Ｄ　コーピー

2. 田中さんはよく日曜日に_____をします。
　　Ａ　サッカ　　　　　　Ｂ　ザッカ　　　　　　Ｃ　サッカー　　　　　Ｄ　ザッカー

3. よく_____で買い物しますか。
　　Ａ　インタネット　　Ｂ　インダネット　　Ｃ　インターネット　Ｄ　インダーネット

4. 毎朝7時から_____をします。
　　Ａ　ショキング　　　Ｂ　ジョギング　　　Ｃ　ショーギング　　Ｄ　ジョーキング

5. ほとんど_____を飲みません。
　　Ａ　ジュース　　　　Ｂ　ジュズズ　　　　Ｃ　ジョース　　　　Ｄ　ジョーズ

6. 家から会社まで_____で行きます。
　　Ａ　バス　　　　　　　Ｂ　パス　　　　　　　Ｃ　パン　　　　　　　Ｄ　ペン

7. 週末にデパートで_____をします。
　　Ａ　カレンダー　　　Ｂ　キャンパス　　　Ｃ　スケジュール　　Ｄ　アルバイト

8. 朝ご飯はいつも_____を食べます。
　　Ａ　パス　　　　　　　Ｂ　バス　　　　　　　Ｃ　パン　　　　　　　Ｄ　ペン

問題四　　　　_____に何が入りますか。Ａ・Ｂ・Ｃ・Ｄから一番適切なものを一つ選びなさい。

1. 鈴木さんはいつも毎日6時に会社から家へ_____。
　　Ａ　いきます　　　　Ｂ　かえります　　　Ｃ　きます　　　　　Ｄ　します

2. 李さんはよく週末に図書館で日本語の本を_____。
　　Ａ　のみます　　　　Ｂ　みます　　　　　Ｃ　よみます　　　　Ｄ　うたいます

3. あそこの喫茶店で_____を飲みます。
　　Ａ　パン　　　　　　　Ｂ　ラーメン　　　　Ｃ　ジュース　　　　Ｄ　アルバイト

4. _____はよく見ますが、テレビはほとんど見ません。
　　A　えいが　　　　　B　じてんしゃ　　C　うた　　　　　　D　こえ
5. まず、朝ご飯を食べます。_____、学校へ行きます。
　　A　から　　　　　　B　すぐ　　　　　C　まで　　　　　　D　それから
6. 時々、カラオケで日本語の歌を_____。
　　A　うたいます　　B　のみます　　　C　みます　　　　　D　よみます
7. 日本語の授業は毎朝8時半から_____。
　　A　おきます　　　B　ねます　　　　C　おわります　　　D　はじまります
8. 夜10時半ごろ_____。
　　A　おきます　　　B　ねます　　　　C　おわります　　　D　はじまります

問題五　_____の文とだいたい同じ意味の文があります。A・B・C・Dから一番適切なものを一つ選びなさい。

1. 私はいつも図書館でどくしょをします。
　　A　私はいつも図書館でほんをよみます。
　　B　私はいつも図書館でしりょうをしらべます。
　　C　私はいつも図書館でえいがをみます。
　　D　私はいつも図書館でうたをうたいます。
2. いつも李さんと食堂でご飯を食べます。
　　A　いつも李さんと食堂でべんきょうします。
　　B　いつも李さんと食堂でさんぽします。
　　C　いつも李さんと食堂でしょくじします。
　　D　いつも李さんと食堂でうんどうします。
3. まいばん、コーヒーを飲みます。
　　A　よるはときどきコーヒーを飲みます。
　　B　あさはときどきコーヒーを飲みます。
　　C　よるはいつもコーヒーを飲みます。
　　D　あさはいつもコーヒーを飲みます。
4. しゅうまつに時々スクールバスで市内へ行きます。
　　A　月曜日か火曜日に時々スクールバスで市内へ行きます。
　　B　火曜日か水曜日に時々スクールバスで市内へ行きます。
　　C　木曜日か金曜日に時々スクールバスで市内へ行きます。
　　D　土曜日か日曜日に時々スクールバスで市内へ行きます。
5. 姉は明日からあの公園でジョギングをします。
　　A　姉は明日からあの公園でしょくじをします。
　　B　姉は明日からあの公園でまちます。

C　姉は明日からあの公園でうんどうをします。

D　姉は明日からあの公園であそびます。

言語知識（文法）

問題六　＿＿＿＿に適切な仮名を入れなさい。

1. 私は毎朝パン＿＿＿おかゆ＿＿＿食べます。
2. 佐藤さんはいつも何時＿＿＿寝ますか。
3. 明日郵便局＿＿＿行きます。
4. 喫茶店＿＿＿ジュース＿＿＿飲みます。
5. 日本語＿＿＿宿題をしますか。中国語＿＿＿しますか。
6. 寮＿＿＿＿＿＿図書館まで自転車＿＿＿行きます。
7. いつも一人＿＿＿勉強します。
8. あさっては試験があります＿＿＿、今日はありません。
9. ルームメート＿＿＿学校へ行きます。

問題七　（　　）の動詞を適当な形で＿＿＿＿に書きなさい。

1. 私は寮の1階で友達を＿＿＿＿ます。（待つ）
2. いつも子供と公園で＿＿＿＿ます。（遊ぶ）
3. 毎朝7時から8時まで＿＿＿＿ます。（泳ぐ）
4. ほとんどテレビを＿＿＿＿ません。（見る）
5. 授業は毎日8時半に＿＿＿＿ます。4時半に＿＿＿＿ます。（始まる）（終わる）
6. 明日田中さんは学校へ＿＿＿＿ますか。（来る）
7. 彼女は全然新聞を＿＿＿＿ません。（読む）
8. よく図書館で宿題を＿＿＿＿ます。（する）
9. あまりコーヒーを＿＿＿＿ません。（飲む）
10. 時々インターネットを＿＿＿＿ます。（使う）

問題八　例のように次の文を完成させなさい。

例▶私は週末に図書館で日本語を<u>勉強します</u>。

1. 私はいつも日曜日に映画を＿＿＿＿＿＿。
2. 先生は毎日8時半から授業を＿＿＿＿＿＿。
3. 私はよく喫茶店でコーヒーを＿＿＿＿＿＿。
4. 彼女は時々小説を＿＿＿＿＿＿。

5. 田中さんはあまり運動を＿＿＿＿＿。
6. 「ラーメンはよく食べますか。」
　「いいえ、ほとんど＿＿＿＿＿。」
7. 私は毎朝6時半ごろ＿＿＿＿＿。私は毎晩22時半ごろ＿＿＿＿＿。
8. 朝ご飯はだいたいおかゆを＿＿＿＿＿。
9. 授業の後、すぐ寮へ＿＿＿＿＿。
10. 木下さんは全然お酒を＿＿＿＿＿。

問題九　＿＿＿＿に何が入りますか。A・B・C・Dから一番適切なものを一つ選びなさい。

1. 吉田さんは大学で音楽＿＿＿＿勉強しています。
　A を　　　　B に　　　　C が　　　　D の
2. 6階までエレベーター＿＿＿＿行きましょう。
　A に　　　　B も　　　　C が　　　　D で
3. ビールはよく飲みますが、ミルクは＿＿＿＿……
　A いつも　　　B どうも　　　C ちょっと　　　D 時々
4. よくルームメート＿＿＿＿一緒に図書館へ行きます。
　A を　　　　B か　　　　C に　　　　D と
5. 学校は8時半＿＿＿＿始まります。4時半＿＿＿＿終わります。
　A か／か　　　B が／が　　　C に／に　　　D は／は
6. 私は冬休み＿＿＿＿北海道へ行きます。
　A で　　　　B に　　　　C が　　　　D を
7. 夜はいつも一人＿＿＿＿フランス語の勉強をします。
　A に　　　　B へ　　　　C で　　　　D も
8. 旅行は1日から10日＿＿＿＿です。
　A に　　　　B の　　　　C で　　　　D まで
9. 「運動はしますか。」
　「いいえ、ほとんど＿＿＿＿。」
　A します　　　B しません　　　C しますか　　　D しますが
10. 答えはボールペン＿＿＿＿ペンで書きます。
　A か　　　　B で　　　　C と　　　　D も
11. 英語の歌＿＿＿＿よく歌いますが、日本語の歌＿＿＿＿あまり歌いません。
　A が／が　　　B が／は　　　C は／が　　　D は／は
12. よく寮＿＿＿＿ルームメート＿＿＿＿日本語＿＿＿＿話します。
　A で／に／で　　　B で／と／で　　　C に／と／で　　　D に／と／に

41

問題十　＿＿★＿＿に入るものはどれですか。Ａ・Ｂ・Ｃ・Ｄから一番適切なものを一つ選びなさい。

1. 私は＿＿＿＿　＿＿＿＿　＿★＿＿　＿＿＿＿。
   A　勉強します　　　B　李さんと　　　C　時々　　　　D　一緒に

2. 英語の＿＿＿＿　＿＿＿＿　＿★＿＿　＿＿＿＿。
   A　3時半に　　　　B　午後　　　　　C　終わります　　D　授業は

3. 彼女は＿＿＿＿　＿＿＿＿　＿★＿＿　＿＿＿＿。
   A　小説を　　　　　B　週末に　　　　C　いつも　　　　D　読みます

4. コーヒーは＿＿＿＿　＿＿＿＿　＿★＿＿　＿＿＿＿飲みます。
   A　飲みませんが　　B　ジュースは　　C　よく　　　　　D　全然

5. 高橋先生と＿＿＿＿　＿＿＿＿　＿★＿＿　＿＿＿＿。
   A　よく　　　　　　B　日本語か　　　C　話します　　　D　英語で

読解

問題十一　次の文を読んで質問に答えなさい。

　私たちは大連外国語大学日本語学院の一年生です。専攻は日本語です。毎朝、私たちはだいたい6時半に起きます。それからすぐ運動場へ行きます。運動場で朝の運動をします。運動の後、すぐ寮に帰ります。寮で顔を洗って、歯を磨きます。

　私たちは寮で朝ご飯を食べません。いつも学生の食堂で朝ご飯を食べます。朝ご飯はほとんどパンと牛乳です。時々おかゆを食べます。私たちは毎朝、教室で日本語の朗読をします。授業は午前8時30分に始まります。そして午後4時30分に終わります。夜は教室で自習をします。私たちはいつも夜10時半ごろ寝ます。

　私たちの寮にテレビはありません。全然テレビを見ません。時々パソコンで映画を見ます。

1. 「私たち」はどこの大学の何年生ですか。
   ＿＿＿＿＿＿＿＿＿＿＿＿＿＿＿＿＿＿＿＿＿＿＿＿＿＿＿＿＿＿＿＿＿＿＿＿＿

2. 「私たち」は何時に起きますか。
   ＿＿＿＿＿＿＿＿＿＿＿＿＿＿＿＿＿＿＿＿＿＿＿＿＿＿＿＿＿＿＿＿＿＿＿＿＿

3. 「私たち」は運動場で何をしますか。
   ＿＿＿＿＿＿＿＿＿＿＿＿＿＿＿＿＿＿＿＿＿＿＿＿＿＿＿＿＿＿＿＿＿＿＿＿＿

4. 「私たち」はどこで朝ご飯を食べますか。
   ＿＿＿＿＿＿＿＿＿＿＿＿＿＿＿＿＿＿＿＿＿＿＿＿＿＿＿＿＿＿＿＿＿＿＿＿＿

5. 朝ご飯は何を食べますか。
   ＿＿＿＿＿＿＿＿＿＿＿＿＿＿＿＿＿＿＿＿＿＿＿＿＿＿＿＿＿＿＿＿＿＿＿＿＿

6. 授業は何時から何時までですか。

　　_____

7. 「私たち」は夜、何をしますか。

　　_____

8. 「私たち」は何時に寝ますか。

　　_____

9. 「私たち」は寮で何をしますか。

　　_____

問題十二　次の文を読んで質問に答えなさい。答えはA・B・C・Dから一番適切なものを一つ選びなさい。

　私の学校は、月曜日から金曜日までで、毎日8時半から4時半までです。土曜日と日曜日は休みです。

　月曜日から金曜日まで、毎朝7時半から8時15分までは日本語の朗読の時間です。日本語の授業は8時半に始まります。昼休みは11時半からです。午後の授業は13時半から16時半までです。それから図書館へ行きます。図書館で雑誌か小説を読みます。夜の18時半から20時半まで、教室で自習をします。それから、寮へ帰ります。私はいつも夜10時半ごろ寝ます。

　土曜日は友達と体育館でバドミントンやバスケットボールをします。日曜日はどこへも行きません。寮で日本語のドラマやアニメを見ます。

1. 「私」の学校は何曜日から何曜日までですか。
   A　月曜日から土曜日までです。　　B　月曜日から金曜日までです。
   C　火曜日から金曜日までです。　　D　土曜日から日曜日までです。
2. 午前の日本語の授業は何時から何時までですか。
   A　7時半から8時15分までです。　　B　8時15分から11時半までです。
   C　8時半から11時半までです。　　D　8時半から13時半までです。
3. 昼休みは何時から何時までですか。
   A　10時半から13時半までです。　　B　11時半から13時半までです。
   C　13時半から16時半までです。　　D　13時半から18時半までです。
4. 授業の後、何をしますか。
   A　図書館で自習をします。　　B　図書館で雑誌か小説を読みます。
   C　教室で自習をします。　　D　教室で雑誌か小説を読みます。
5. 学校生活の説明として正しいものはどれですか。
   A　土曜日と日曜日は学校で勉強します。
   B　土曜日はどこへも行きません。
   C　月曜日から金曜日まで、図書館で自習をします。
   D　日曜日は寮で日本語のドラマやアニメを見ます。

問題十三　声を出して読んでみましょう。

私の週末

今日は木曜日ではありません。金曜日です。明日は土曜日で、あさっては日曜日です。明日とあさっては休みです。

週末は、いつも午前9時ごろ起きます。朝ご飯はいつもパンとミルクです。おかゆはあまり食べません。10時から１２時まで図書館で勉強します。１２時から食事の時間です。午後３時ごろから、友達と一緒に体育館でバドミントンやバスケットボール注1をします。夜は寮で日本語のドラマやアニメを見ます。

日曜日は友達とスクールバスで市内へ行きます。市内で買い物や食事をします。

注1：バスケットボール／篮球

翻訳

問題十四　次の文章を日本語に訳しなさい。

小赵每天早上6点半起床。早饭一般吃面包、喝咖啡。他坐公交车去学校。从8点半开始上课，到4点半结束。他5点回家，6点左右吃晚饭。然后看看电视，上上网。晚上10点左右睡觉。

小赵周六和周日不去学校。周六上午在图书馆看书，下午和朋友一起运动。周日哪儿也不去，在家看电视。

1. 日本語訳を書きなさい。

_____

_____

_____

_____

_____

_____

2. 中国語の原文だけを見て、声を出して日本語に訳しなさい。（日本語訳を見ないでください。）

問題十五　次の文章を中国語に訳しなさい。

今年の冬休みは1月14日から2月20日までです。いつもは列車で家に帰りますが、今回は飛行機で帰ります。

冬休みの間、家族と一緒にいろいろな所へ行きます。高校時代の友達にも会います注1。一緒にサッカーやバスケットボールをします。

また^{注2}、私はよくパソコンでテレビドラマや映画を見ますが、時々日本語の勉強もします。

2月20日に飛行機で大学に帰ります。

注1：～に会います／见……

注2：また／并且，同时

1. 中国語訳を書きなさい。

_____

_____

_____

_____

_____

_____

2. 日本語の原文だけを見て、声を出して中国語に訳しなさい。（中国語訳を見ないでください。）

自我评价表

A完成得很好　B完成得一般　C完成得不理想

	练习	练习内容	练习目的	自我评价
课前预习	练习1	汉字标注假名	掌握日语汉字读音	A・B・C
	练习2	听写汉字	掌握日语汉字书写	A・B・C
	练习3	填写外来语	掌握外来语的书写及含义	A・B・C
	练习4	听录音，练习时间和日期的发音 动词连用形Ⅰ	了解日语时间和日期的发音 了解动词连用形Ⅰ的接续方法	A・B・C
课后总结	练习1	总结语法要点	巩固本课所学的语法知识	A・B・C
	练习2	使用知识要点达成交际目标	提高知识要点的实际应用能力	A・B・C
自我检测	问题一	汉字标注假名	掌握日语汉字读音	A・B・C
	问题二	假名标注汉字	掌握日语汉字书写	A・B・C
	问题三	外来语选择	掌握外来语的书写及含义	A・B・C
	问题四	词汇选择	掌握词汇的含义及用法	A・B・C
	问题五	同义句选择	掌握近义词汇及表达	A・B・C
	问题六	助词填空	掌握助词的用法	A・B・C
	问题七	动词连用形Ⅰ活用	掌握动词连用形Ⅰ的用法	A・B・C
	问题八	完成句子	掌握句型的接续及用法	A・B・C
	问题九	句子语法1（选择语法项目）	提高语法知识的综合应用能力	A・B・C
	问题十	句子语法2（组合句子）		A・B・C
	问题十一	阅读理解	提高分析、理解日语文章的能力	A・B・C
	问题十二			A・B・C
	问题十三	日语短文朗读	掌握规范的语音、语调，培养语感	A・B・C
	问题十四	汉译日	巩固所学语法、词汇，提高综合应用能力	A・B・C
	问题十五	日译汉		A・B・C

第5課

好きな音楽

请观看第5课的视频，预习本课单词、句型等相关知识后，在课前完成下列练习。

练习1　请给下列单词标注读音。

1. 音楽＿＿＿＿＿＿＿＿＿＿＿＿＿＿＿　　2. 歌手＿＿＿＿＿＿＿＿＿＿＿＿＿＿＿

3. 操作＿＿＿＿＿＿＿＿＿＿＿＿＿＿＿　　4. 上手＿＿＿＿＿＿＿＿＿＿＿＿＿＿＿

5. 雰囲気＿＿＿＿＿＿＿＿＿＿＿＿＿＿　　6. 来月＿＿＿＿＿＿＿＿＿＿＿＿＿＿＿

7. 演歌＿＿＿＿＿＿＿＿＿＿＿＿＿＿＿　　8. 果物＿＿＿＿＿＿＿＿＿＿＿＿＿＿＿

9. 冬＿＿＿＿＿＿＿＿＿＿＿＿＿＿＿＿　　10. 本当＿＿＿＿＿＿＿＿＿＿＿＿＿＿＿

练习2　请听录音，写汉字。🎧

1. （　　　）には力がある　　　　　　　2. （　　　）がある

3. 交通が（　　　）だ　　　　　　　　　4. （　　　）で優しい

5. 鼻が（　　　）い　　　　　　　　　　6. （　　　）がいい

7. 肉を（　　　）いに行く　　　　　　　8. （　　　）しい時

9. （　　　）しい人　　　　　　　　　　10. 北海道へ（　　　）に行く

练习3　请结合括号内的提示写出外来语补全句子，并写出相应的英语单词。

1. ＿＿＿＿＿＿＿＿（超市）で買い物をします。　　　　英语：＿＿＿＿＿＿＿＿＿＿

2. 私は＿＿＿＿＿＿＿＿（节奏）の速い曲が好きです。　英语：＿＿＿＿＿＿＿＿＿＿

3. 李さんは＿＿＿＿＿＿＿＿（吉他）が上手です。　　　英语：＿＿＿＿＿＿＿＿＿＿

4. 友達と＿＿＿＿＿＿＿＿（跳舞）をします。　　　　　英语：＿＿＿＿＿＿＿＿＿＿

5. あの＿＿＿＿＿＿＿＿（乐队）はあまり有名ではありません。　英语：＿＿＿＿＿＿＿＿＿＿

6. よく_____（摇滚乐）を聞きます。　　　　　　　　英语：_____

7. おいしい_____（西餐厅）でご飯を食べます。　　英语：_____

8. 私はABCの_____（支持者）です。　　　　　　英语：_____

9. 新しい先生は優しくて_____（英俊）です。　　英语：_____

10. 北京へABCの_____（演唱会）を聞きに行きます。　英语：_____

练习4　了解日语形容词的变化规律。

1. 请填写下表，观察イ形容词和ナ形容词的变化规律。

	基本形	词干	词尾	否定形
イ形容词	高い			
	狭い			
	いい			
	広い			
	おもしろい			
	忙しい			
	おいしい			
	難しい			
	新しい			
ナ形容词	静かだ			
	にぎやかだ			
	上手だ			
	嫌いだ			
	好きだ			
	丈夫だ			
	親切だ			
	有名だ			
	便利だ			

2. 请观察下列词语的连接方式，总结イ形容词和ナ形容词的用法。

古い＋辞書⇒古い辞書

青い＋海⇒青い海

寒くない＋所⇒寒くない所

下手＋日本語⇒下手な日本語

嫌い＋料理⇒嫌いな料理

賑やかではない＋町⇒賑やかではない町

★イ形容词连接名词时，＿＿＿＿＿＿＿＿＿＿＿＿＿（接续方式）

★ナ形容词连接名词时，＿＿＿＿＿＿＿＿＿＿＿＿＿（接续方式）

広い＋新しい⇒広くて新しい

狭い＋汚い⇒狭くて汚い

小さい＋便利⇒小さくて便利

元気＋親切⇒元気で親切

丈夫＋安い⇒丈夫で安い

★イ形容词的词尾＿＿＿＿变为＿＿＿＿，后接"て"，可以表示＿＿＿＿关系。

★ナ形容词的基本形后接"で"，可以表示＿＿＿＿关系。

课后总结

练习1　对照本课的语法要点，填写下表。

语法要点	造句	语法细节
～は（名词）でした。 　　　ではありませんでした。		
～は（ナ形容词）です。 　　　ではないです／ではありませんでした。		
～は（イ形容词）です。 　　　くないです／くありません。		

（续表）

语法要点	造句	语法细节
～は～くて（并列）		
～は～で（并列）		
～い／～なN		
～い／～なの		
～は～が～です。		
～へ～に行きます／来ます。		
～が／けど		

练习2　使用本课知识要点，尝试达成以下的交际目标。

1. 向他人介绍自己的兴趣爱好。

2. 简单描述某人的外表和性格。

3. 简单描述周围某个事物的特点。

自我检测

言語知識（文字・語彙）

問題一　次の下線の単語を平仮名で書きなさい。

1. 英語はとても<u>難</u>しいです。　（　　　　　）
2. 昨日は<u>晴</u>れでした。（　　　　　）
3. 仕事はちょっと<u>忙</u>しいです。（　　　　　）
4. スーパーへ<u>果物</u>を買いに行きます。（　　　　　）
5. <u>先週</u>の土曜日は休みでした。（　　　　　）
6. <u>会場</u>は2階にあります。（　　　　　）
7. 張さんは<u>目</u>が大きいです。（　　　　　）
8. 私は猫が<u>嫌</u>いです。（　　　　　）
9. 昨日は<u>楽</u>しい一日でした。（　　　　　）
10. <u>伝統的</u>な歌を歌います。（　　　　　）

問題二　次の下線の単語を漢字で書きなさい。

1. 日本語は<u>かんたん</u>ではありません。（　　　　　）
2. 李さんは毎日ラジオを<u>きき</u>ます。（　　　　　）
3. 鈴木先生は<u>きびしい</u>先生です。（　　　　　）
4. <u>あつい</u>紅茶を飲みます。（　　　　　）
5. <u>かいぎ</u>は何時からですか。（　　　　　）
6. 花子さんは<u>かみ</u>が短いです。（　　　　　）
7. 日本語の先生は<u>やさ</u>しくておもしろいです。（　　　　　）
8. <u>いちばん</u>好きなスポーツは何ですか。（　　　　　）
9. 音楽にはいろいろな<u>しゅるい</u>があります。（　　　　　）
10. この部屋は<u>ひろい</u>です。（　　　　　）

問題三　＿＿＿＿に何が入りますか。A・B・C・Dから一番適切なものを一つ選びなさい。

1. 明日、＿＿＿＿で有名な歌手の歌を聞きます。
   A　バンド　　　　　B　ダンス　　　　　C　コンサート　　　　D　ロック

2. その人は＿＿＿＿で優しいです。

　　A　エンジニア　　　　B　レストラン　　　　C　クラシック　　　　D　ハンサム

3. 田中さんはあの有名な歌手の＿＿＿＿です。

　　A　ジョギング　　　　B　ファン　　　　　　C　ベッド　　　　　　D　クラシック

4. この歌は＿＿＿＿が明るくていいです。

　　A　ダンス　　　　　　B　ロック　　　　　　C　メロディー　　　　D　ポップス

5. あの＿＿＿＿の部屋はちょっと狭いです。

　　A　トイレ　　　　　　B　スーパー　　　　　C　アパート　　　　　D　スクールバス

6. 映画の＿＿＿＿はもう1枚ありますが、張先輩も一緒にどうですか。

　　A　ロック　　　　　　B　チケット　　　　　C　バンド　　　　　　D　テンポ

7. 音楽はいろいろな種類がありますが、一番好きなのは＿＿＿＿です。

　　A　クラシック　　　　B　ギター　　　　　　C　ダンス　　　　　　D　メロディー

問題四　＿＿＿＿に何が入りますか。A・B・C・Dから一番適切なものを一つ選びなさい。

1. この公園は狭くて＿＿＿＿です。

　　A　きたない　　　　　B　ながい　　　　　　C　きれい　　　　　　D　たかい

2. 大連は＿＿＿＿町ですか。

　　A　どこ　　　　　　　B　どんな　　　　　　C　どちら　　　　　　D　だれ

3. 鈴木先生は親切です。＿＿＿＿、優しいです。

　　A　だいたい　　　　　B　そして　　　　　　C　それから　　　　　D　だから

4. このかばんはちょっと高いです。＿＿＿＿安いのはありませんか。

　　A　とても　　　　　　B　もう少し　　　　　C　そんなに　　　　　D　それに

5. 私の家の＿＿＿＿に海があります。

　　A　ちかく　　　　　　B　たかく　　　　　　C　あつく　　　　　　D　おもしろく

6. 京都は＿＿＿＿な所です。

　　A　いろいろ　　　　　B　ひま　　　　　　　C　しずか　　　　　　D　じょうず

7. 今日は＿＿＿＿です。

　　A　てんき　　　　　　B　あめ　　　　　　　C　らいげつ　　　　　D　ふゆ

8. 中国には山が＿＿＿＿あります。

　　A　たくさん　　　　　B　いちばん　　　　　C　さっき　　　　　　D　これから

9. 私の仕事は＿＿＿＿ですが、おもしろいです。

　　A　あおい　　　　　　B　あかるい　　　　　C　ひろい　　　　　　D　いそがしい

言語知識（文法）

問題五 _____に適切な仮名を入れなさい。

1. 大連___海___きれいです。
2. 週末、クラシック___聞き___行きます。
3. 私はこの歌___嫌いです。
4. 日本語の勉強は難しいです___、楽しいです。
5. 暇なとき、いつも一人___ロックを聞きます。
6. 山本さん___背___高くて、かっこいいです。
7. 「試験は1時からですか。」
   「いいえ、2時からです___。」
8. 「今日は寒いです___。」
   「そうですね。寒いですね。」
9. このかばんはちょっと大きいです。もう少し小さい___はありませんか。
10. 私は静か___メロディー___好きです。

問題六 例のように次の文を完成させなさい。

例 富士山は（有名→有名な）山です。

1. その公園には_____花があります。（きれい）
2. 日本の食べ物は_____ありません。（安い）
3. 山田さんは_____ではありません。（ハンサム）
4. ABCデパートは_____ないデパートです。（大きい）
5. この大学には_____先生がたくさんいます。（親切）
6. フランス語は全然_____ないです。（難しい）
7. この車はとても_____です。（小さい）
8. その先生は_____優しいです。（おもしろい）
9. このパソコンの操作は_____便利です。（簡単）
10. 明日の天気はあまり_____ありません。（よい）

問題七 _____に何が入りますか。A・B・C・Dから一番適切なものを一つ選びなさい。

1. 「伊藤さんの部屋はきれいですか。」
   「いいえ、_____。」
   A　きれいです　　　　　　　　B　きれいではありません
   C　きれくないです　　　　　　D　きれいでした

2. 「張さんはどんな音楽が好きですか。」
　　「＿＿＿＿。」
　　　A　はい、音楽が好きです　　　　　　　B　いいえ、音楽は好きではありません
　　　C　ロックが好きです　　　　　　　　　D　ロックが嫌いです

3. 「昨日は＿＿＿＿。」
　　「土曜日でした。」
　　　A　何曜日ですか　　　　　　　　　　　B　何曜日でしたか
　　　C　いつですか　　　　　　　　　　　　D　いつでしたか

4. 「そのお店はどうですか。」
　　「＿＿＿＿。」
　　　A　広いですが、明るいです　　　　　　B　広いですが、狭いです
　　　C　おいしくて安いです　　　　　　　　D　おいしくて高いです

5. 「どの自転車が田中さんのですか。」
　　「＿＿＿＿。」
　　　A　はい、私の自転車はこの白いのです
　　　B　いいえ、私の自転車はこちらにありません
　　　C　白いのが私の自転車です
　　　D　私の自転車は白くありません

6. 先生：「王さんは絵が上手ですね。」
　　王：「＿＿＿＿。」
　　　A　はい、とても上手ですよ
　　　B　いいえ、そんなことはありませんよ
　　　C　はい、とても下手ですね
　　　D　いいえ、全然下手ではありませんね

7. 「その町はどんな町ですか。」
　　「＿＿＿＿。」
　　　A　大きくない町です。そして、にぎやかな町です
　　　B　大きくない町ですけど、にぎやかではありません
　　　C　大きい町ですけど、にぎやかです
　　　D　大きい町です。そして、にぎやかです

8. 「今日はいい天気ですね。」
　　「＿＿＿＿。」
　　　A　そうですね。いい天気ですね　　　　B　そうですよ。いい天気ですよ
　　　C　そうですね。いい天気ですよ　　　　D　そうですよ。いい天気ですね

問題八　___★___ に入るものはどれですか。A・B・C・Dから一番適切なものを一つ選びなさい。

1. 大連は_____　_____　_★_　_____所です。

    A　おいしい　　　　B　海が　　　　　　C　青くて　　　　D　料理が

2. どの_____　_____　_★_　_____ですか。

    A　の　　　　　　　B　山本さん　　　　C　辞書　　　　　D　が

3. 明日、彼女と_____　_____　_★_　_____行きます。

    A　傘を　　　　　　B　時計と　　　　　C　デパートへ　　D　買いに

4. 私の家は_____　_____　_★_　_____にあります。

    A　ではない　　　　B　あまり　　　　　C　静か　　　　　D　所

5.「学校で一番好きな先生は鈴木先生です。」

　「私もそうです。あの_____　_____　_★_　_____ですね。」

    A　親切で　　　　　B　先生は　　　　　C　優しい　　　　D　先生

読解

問題九　次の文を読んで質問に答えなさい。答えはA・B・C・Dから一番適切なものを一つ選びなさい。

　私は時々両親と一緒に京都へ旅行に行きます。京都には有名な所がたくさんあります。例えば、嵐山や二条城などです。嵐山は標高[注1]が382メートル[注2]で、とても高いです。近くには大堰川がありますから、景色はとてもきれいです。特に、秋の嵐山は紅葉がきれいで、たくさんの人が見に来ます。嵐山の上には有名な松尾大社がありますが、私は神社は好きではありません。ですから、私たちはそこへは行きません。

注1：標高／海抜

注2：メートル／米

1. 京都はどんな所がいいですか。

    A　賑やかで忙しいです。

    B　町が新しくてきれいです。

    C　いろいろな有名な所があります。

    D　人が少ないです。

2. 作者は松尾大社へ行きますか。

    A　「私」は行きますが、両親は行きません。

    B　「私」は行きませんが、両親は行きます。

C 「私」も両親も行きます。

D 「私」も両親も行きません。

問題十 次の文を読んで質問に答えなさい。答えはA・B・C・Dから一番適切なものを一つ選びなさい。

　私の趣味はダンスです。いつも友達と一緒にダンスをします。ダンスにはいろいろな種類がありますが、私は中国の民族舞踊（みんぞくぶよう）が好きです。アメリカのダンスはあまり好きではありません。ですから、中国の民族舞踊をよくします。時々、日本舞踊（ぶよう）もします。私はいつも夜7時まで図書館で勉強します。それから、体育館へダンスをしに行きます。私はダンスは全然上手ではありませんが、友達と一緒にダンスをしますから、とても楽しいです。

　1. 作者はいつも誰とどこでダンスをしますか。

　　A 一人で体育館でダンスをします。

　　B 一人で図書館でダンスをします。

　　C 友達と体育館でダンスをします。

　　D 友達と図書館でダンスをします。

　2. 以下の文のうち、正しいのはどれですか。

　　A 「私」は中国舞踊も日本舞踊もします。

　　B 「私」は中国舞踊もアメリカのダンスもします。

　　C 「私」は日本舞踊もアメリカのダンスもします。

　　D 「私」は日本舞踊もアメリカのダンスもしません。

問題十一 声を出して読んでみましょう。

日本語（にほんご）の勉強（べんきょう）

　私（わたし）は日本語（にほんご）の勉強（べんきょう）が好（す）きです。日本語（にほんご）の授業（じゅぎょう）は月曜日（げつようび）から金曜日（きんようび）まであります。基礎日本（きそにほん）語（ご）の授業（じゅぎょう）は週（しゅう）に4回（よんかい）で、聴解（ちょうかい）は週（しゅう）に2回（にかい）で、日本語会話（にほんごかいわ）は週（しゅう）に1回（いっかい）あります。日本語（にほんご）の授業（じゅぎょう）は難（むずか）しいですが、おもしろくて楽（たの）しいです。授業（じゅぎょう）の後（あと）、図書館（としょかん）へ勉強（べんきょう）に行きます。

　基礎日本語（きそにほんご）の先生（せんせい）は髪（かみ）が長（なが）くてスタイルがいいです。それに、とても親切（しんせつ）で優（やさ）しいです。でも、厳（きび）しい時（とき）もあります。私（わたし）は先生（せんせい）のことが大好（だいす）きです。

問題十二　次の文章を日本語に訳しなさい。

　　○○大学是中国有名的大学。这所大学历史^{注1}悠久，名师众多。校园宽广美丽，图书馆明亮宽敞。因此，无论是在国内还是^{注2}在国外，这所大学都广受欢迎。现在^{注3}，在校人数^{注4}为15,342人。其中也包括来自韩国和日本的留学生。

注1：历史／歴史
注2：无论……还是……／～でも、～でも
注3：现在／現在
注4：数量／数

1. 日本語訳を書きなさい。

　　_____

　　_____

　　_____

2. 中国語の原文だけを見て、声を出して日本語に訳しなさい。（日本語訳を見ないでください。）

問題十三　次の文章を中国語に訳しなさい。

　　私は日本料理が好きです。時々ルームメートと一緒に市内へ日本料理を食べに行きます。市内には日本料理のお店がたくさんありますが、一番好きなのは駅のそばのお店です。その店の料理は安くておいしいです。そして、店長は親切で優しいです。ですから、いつもお客さんがたくさんいます。

1. 中国語訳を書きなさい。

　　_____

　　_____

　　_____

2. 日本語の原文だけを見て、声を出して中国語に訳しなさい。（中国語訳を見ないでください。）

自我评价表

A完成得很好　B完成得一般　C完成得不理想

	练习	练习内容	练习目的	自我评价
课前预习	练习1	汉字标注假名	掌握日语汉字读音	A・B・C
	练习2	听写汉字	掌握日语汉字书写	A・B・C
	练习3	填写外来语	掌握外来语的书写及含义	A・B・C
	练习4	イ形容词和ナ形容词的变形以及用法	了解日语イ形容词和ナ形容词的变化规律及用法	A・B・C
课后总结	练习1	总结语法要点	巩固本课所学的语法知识	A・B・C
	练习2	使用知识要点达成交际目标	提高知识要点的实际应用能力	A・B・C
自我检测	问题一	汉字标注假名	掌握日语汉字读音	A・B・C
	问题二	假名标注汉字	掌握日语汉字书写	A・B・C
	问题三	外来语选择	掌握外来语的书写及含义	A・B・C
	问题四	词汇选择	掌握词汇的含义及用法	A・B・C
	问题五	助词填空	掌握助词的用法	A・B・C
	问题六	完成句子	掌握句型的接续及用法	A・B・C
	问题七	句子语法1（选择语法项目）	提高语法知识的综合应用能力	A・B・C
	问题八	句子语法2（组合句子）		A・B・C
	问题九	阅读理解	提高分析、理解日语文章的能力	A・B・C
	问题十			A・B・C
	问题十一	日语短文朗读	掌握规范的语音、语调，培养语感	A・B・C
	问题十二	汉译日	巩固所学语法、词汇，提高综合应用能力	A・B・C
	问题十三	日译汉		A・B・C

第6課

外出

课前预习

请观看第6课的视频，预习本课单词、句型等相关知识后，在课前完成下列练习。

练习1　请给下列单词标注读音。

1. 外出＿＿＿＿＿＿＿＿＿＿＿　　2. 始める＿＿＿＿＿＿＿＿＿＿＿

3. 授業中＿＿＿＿＿＿＿＿＿＿＿　　4. 平日＿＿＿＿＿＿＿＿＿＿＿

5. 近い＿＿＿＿＿＿＿＿＿＿＿　　6. 大丈夫＿＿＿＿＿＿＿＿＿＿＿

7. お金＿＿＿＿＿＿＿＿＿＿＿　　8. 昔＿＿＿＿＿＿＿＿＿＿＿

9. 遠い＿＿＿＿＿＿＿＿＿＿＿　　10. 眠い＿＿＿＿＿＿＿＿＿＿＿

练习2　请听录音，写汉字。 🎧

1. 楽しい（　　　）　　　　　　2. 北京へ（　　　）に行く

3. （　　　）が便利だ　　　　　4. （　　　）に行く

5. （　　　）な町　　　　　　　6. （　　　）が痛い

7. （　　　）が低い　　　　　　8. （　　　）に近い

9. きれいな（　　　）　　　　　10. （　　　）が少ない

练习3　请结合括号内的提示写出外来语补全句子，并写出相应的英语单词。

1. 私はあまり体育館で＿＿＿＿＿＿（网球）をしません。　　　　　英语：＿＿＿＿＿＿

2. こちらの＿＿＿＿＿＿（海鲜）は中国で新鲜で有名です。　　　英语：＿＿＿＿＿＿

3. 来月、＿＿＿＿＿＿（美国）へ出張に行きます。　　　　　　　英语：＿＿＿＿＿＿

4. 昨日の誕生日＿＿＿＿＿＿（派对）にはたくさんの友達が来ました。英语：＿＿＿＿＿＿

5. 夏休みに友達と一緒に＿＿＿＿＿＿（主题公园）へ遊びに行きます。英语：＿＿＿＿＿＿

练习4 了解日语形容词的连体形与连用形，以及时间段的表达方式。

1. 请填写下表，观察イ形容词和ナ形容词的变化规律。

		基本形	连体形	连用形
イ形容词	近い			
	遠い			
	楽しい			
	多い			
	つまらない			
	暑い			
	涼しい			
	暖かい			
	低い			
	いい			
ナ形容词	新鮮だ			
	残念だ			
	丈夫だ			
	立派だ			
	親切だ			
	便利だ			
	賑やかだ			
	有名だ			

2. 填写下表，总结时间段的表达方式。

	例：年	月	日	週	時	分
1〜	1年（間）					
2〜	2年（間）					
3〜	3年（間）					
4〜	4年（間）					

（续表）

	例：年	月	日	週	時	分
5～	5年（間）					
6～	6年（間）					
7～	7年（間）					
8～	8年（間）					
9～	9年（間）					
10～	10年（間）					

★在时间名词后面加_____，即可表示时间段。有些时间名词后不加_____，也可以表示时间段，如_____、_____、_____等。

课后总结

练习1　对照本课的语法要点，填写下表。

语法要点	造句	语法细节
～ました。 　ませんでした。		
～は～かったです。 　くなかったです／くありませんでした。		
～は～でした。 　ではありませんでした。		
～でしょう。		
～から		

练习2 使用本课知识要点，尝试达成以下的交际目标。

1. 尝试向他人叙述过去发生的某件事情。

_____

_____

_____

2. 简单描述某人过去的外表和性格。

_____

_____

_____

3. 简单描述某事物过去的特点。

_____

_____

_____

自我检测

言語知識（文字・語彙）

問題一　次の下線の単語を平仮名で書きなさい。

1. 私の故郷は遼寧省の大連です。　（　　　　　）
2. 去年の夏休みに一度北京ダックを食べました。　（　　　　　）
3. 残念ですが、私は金がありません。　（　　　　　）
4. この公園は緑がたくさんあります。　（　　　　　）
5. このお店の魚は新鮮でおいしいです。　（　　　　　）
6. 田中さんはいつも飛行機で旅行します。　（　　　　　）
7. 1年前、父は〇〇株式会社で仕事をしました。　（　　　　　）
8. この町では日本語の学習者が多いです。　（　　　　　）
9. 小テストの点数はあまりよくなかったです。　（　　　　　）
10. 私の大学は海に近いです。　（　　　　　）

問題二　次の下線の単語を漢字で書きなさい。

1. 私の家は学校からちょっと<u>とおい</u>です。（　　　　）
2. 先週の旅行は<u>つかれ</u>ましたが、楽しかったです。（　　　　）
3. 昼ご飯は<u>うみべ</u>の近くのレストランで食べました。（　　　　）
4. 春、日本人はよく<u>はなみ</u>をします。（　　　　）
5. このパソコンは<u>きのう</u>があまり便利ではありません。（　　　　）
6. <u>つき</u>に2、3回ぐらい家へ帰ります。（　　　　）
7. ホテルから<u>くうこう</u>までちょっと時間がかかります。（　　　　）
8. 鈴木さんはいつも<u>ちかてつ</u>で会社へ行きます。（　　　　）
9. 週末に、テーマパークで写真をたくさん<u>とり</u>ました。（　　　　）
10. <u>むかし</u>、ここは漁村でした。（　　　　）

問題三　＿＿＿＿に何が入りますか。A・B・C・Dから一番適切なものを一つ選びなさい。

1. 劉さんはよくインターネットで＿＿＿＿をします。
　　A　バンド　　　　　　B　ショッピング　　C　コンサート　　　D　シーフード
2. 小さい時、時々父と＿＿＿＿へ遊びに行きました。
　　A　テーマパーク　　B　チケット　　　　C　カレンダー　　　D　テニス
3. 来週、会話の＿＿＿＿がありますから、一生懸命勉強します。
　　A　ジョギング　　　B　パーティー　　　C　テニス　　　　　D　テスト
4. 昨日の夜の＿＿＿＿でおいしいものをたくさん食べました。
　　A　パーク　　　　　B　ロック　　　　　C　ポップス　　　　D　パーティー
5. 週に3回運動場で＿＿＿＿をします。
　　A　アパート　　　　B　スーパー　　　　C　テニス　　　　　D　テスト

問題四　＿＿＿＿に何が入りますか。A・B・C・Dから一番適切なものを一つ選びなさい。

1. 「明日の試験は大丈夫ですか。」
　　「全部復習しましたから、＿＿＿＿大丈夫でしょう。」
　　A　全然　　　　　　B　そんなに　　　C　たぶん　　　　　D　どうも
2. もう時間です。＿＿＿＿、授業を始めます。
　　A　それから　　　　B　そして　　　　C　それでは　　　　D　これから
3. その漫画はおもしろくないです。＿＿＿＿です。
　　A　つまらない　　　B　辛い　　　　　C　暖かい　　　　　D　低い
4. この大学に＿＿＿＿国からの留学生がいます。
　　A　きっと　　　　　B　いろんな　　　C　すごく　　　　　D　こんなに

5. 王さんの_____に、日本語が好きな人がいますか。

    A　ほか　　　　　　　B　大体　　　　　　　C　平日　　　　　　　D　もの

6. 寒いですから、_____お茶を飲みます。

    A　涼しい　　　　　　B　楽しい　　　　　　C　暑い　　　　　　　D　熱い

7. あの山は_____人気がありますから、いつも観光客が多いです。

    A　すこし　　　　　　B　すごく　　　　　　C　あまり　　　　　　D　よく

8. 昨日の午前、駅で英語の先生に_____。

    A　かかりました　　B　会いました　　　C　外出しました　　D　観光しました

9. 北京には_____なビルがたくさんあります。

    A　新鮮　　　　　　　B　立派　　　　　　　C　残念　　　　　　　D　静か

言語知識（文法）

問題五　_____に適切な仮名を入れなさい。

1. 1か月____2回映画を見ます。

2. 「朝、新聞____読みますか。」

    「いいえ、時間がありません____　____、読みません。」

3. 李さんの家は駅____近い所にあります。

4. 夏休み、ルームメートと上海____観光____行きました。

5. 青島は海____青くて景色____きれいです。

6. 大学は市内____　____遠いです。

7. 漫画____好きです____、小説____あまり好きではありません。

8. 誕生日パーティー____私たちは写真____たくさん撮りました。

問題六　例のように次の文を完成させなさい。

例▶ 富士山は（有名→有名な）山です。

1. 昨日の天気はとても_____。（いい）

2. 5年前、ここはあまり_____。（静か）

3. 昨日のパーティーは全然_____。（楽しい）

4. 1年前、佐藤さんは家族と中国へ_____。（来る）

5. この前の試験はすごく_____。（簡単）

6. 去年の冬は少し_____。（寒い）

7. 明日はあまり_____でしょう。（暑い）

8. 昔、あの町はそんなに_____。（きれい）

問題七　＿＿＿＿に何が入りますか。Ａ・Ｂ・Ｃ・Ｄから一番適切なものを一つ選びなさい。

1. 昨日、夜12時まで＿＿＿＿。だから、今日はとても眠いです。
   A　勉強します　　　　　　　　　　B　勉強しません
   C　勉強しました　　　　　　　　　D　勉強しませんでした

2. 「李さんは日本語が上手ですか。」
   「＿＿＿＿。」
   A　はい、李さんは3年前に日本に来ましたから、上手ではないでしょう
   B　はい、李さんは3年前に日本に来ましたから、上手でしょう
   C　いいえ、李さんは3年前に日本に来ましたが、下手ではないでしょう
   D　いいえ、李さんは3年前に日本に来ましたが、上手でしょう

3. 「週に何回お母さんに電話をしますか。」
   「そうですね。2回＿＿＿＿です。」
   A　ごろ　　　　　B　ぐらい　　　　　C　から　　　　　D　まで

4. 「子供の時、スポーツが好きでしたか。」
   「いいえ、そんなに＿＿＿＿。」
   A　好きです　　　　　　　　　　　B　好きではありません
   C　好きでした　　　　　　　　　　D　好きではありませんでした

5. 「昨日の映画はどうでしたか。」
   「＿＿＿＿。」
   A　全然おもしろくありませんでした　　B　映画を見ました
   C　はい、友達と一緒に見ました　　　　D　おもしろくてつまらない映画でした

6. 昼ご飯は四川料理を食べましたが、あまり＿＿＿＿。
   A　辛いです　　　　　　　　　　　B　辛くないです
   C　辛かったです　　　　　　　　　D　辛くなかったです

7. 「先週の土曜日、どこかへ行きましたか。」
   「＿＿＿＿。」
   A　はい、どこへも行きます　　　　　B　はい、どこへも行きません
   C　いいえ、どこへも行きました　　　D　いいえ、どこへも行きませんでした

8. 山田さんの家は＿＿＿＿、よく遊びに行きます。
   A　私の家から遠いですから　　　　　B　私の家に近いですから
   C　私の家から遠くて　　　　　　　　D　私の家に近いからが

問題八　＿★＿に入るものはどれですか。Ａ・Ｂ・Ｃ・Ｄから一番適切なものを一つ選びなさい。

1. 昨日＿＿＿＿　＿＿＿＿　＿★＿　＿＿＿＿終わりましたか。
   A　の　　　　　　B　は　　　　　　C　もう　　　　　D　宿題

2. 駅の前＿＿＿＿　＿＿＿＿　＿★＿＿　＿＿＿＿食べました。

　　A　お店で　　　　　B　料理を　　　　　C　の　　　　　　　D　おいしい

3. 週に＿＿＿＿　＿＿＿＿　＿★＿＿　＿＿＿＿食べに行きます。

　　A　ぐらい　　　　　B　その　　　　　　C　3回　　　　　　D　レストランへ

4. 昔、ここは＿＿＿＿　＿＿＿＿　＿★＿＿　＿＿＿＿です。

　　A　ではなかった　　B　交通が　　　　　C　そんなに　　　D　便利

5. 5年前、この公園＿＿＿＿　＿＿＿＿　＿★＿＿　＿＿＿＿です。

　　A　小さくて　　　　B　は　　　　　　　C　とても　　　　D　汚かった

読解

問題九　次の文を読んで質問に答えなさい。答えはA・B・C・Dから一番適切なもの
　　　　　を一つ選びなさい。

　先週の土曜日、伊藤さんとデパートで会いました。まず、私たちはレストランでお昼ご飯を食
べました。そのレストランはシーフードがとても新鮮でしたが、安くありませんでした。昼ご飯
の後、デパートの中の映画館で映画を見ました。映画館はあまり広くありませんでしたが、映画
はおもしろかったです。午後4時ごろ、カラオケに行きました。2時間ぐらい歌いました。伊藤
さんは歌が上手ですから、たくさん歌いました。でも、私は歌が苦手[注1]で、あまり歌いません
でした。

注1：苦手／不擅长

1. 先週の土曜日、私と伊藤さんは何をしましたか。

　　A　買い物をしました。そして、カラオケに行きました。

　　B　ご飯は食べましたが、映画は見ませんでした。

　　C　映画は見ましたが、カラオケには行きませんでした。

　　D　ご飯を食べました。そして、歌を歌いました。

2. 映画館と映画はどうでしたか。

　　A　映画館は広くて、映画はおもしろかったです。

　　B　映画館は小さくて、映画はつまらなかったです。

　　C　映画館は広かったですが、映画はつまらなかったです。

　　D　映画館は小さかったですが、映画はおもしろかったです。

3. 以下の文のうち、正しいのはどれですか。

　　A　映画館はデパートのそばにあります。

　　B　私はカラオケでたくさん歌いました。

　　C　レストランの料理はおいしかったです。

　　　D　私たちはデパートで買い物をしました。

問題十　次の文を読んで質問に答えなさい。答えはA・B・C・Dから一番適切なものを一つ選びなさい。

　10年前、ここは広くてきれいな公園でした。朝、いつも多くの人がこの公園でジョギングをしました。公園の真ん中に、池がありました。池の水がきれいでしたから、金魚や鯉などの魚がたくさんいました。池のそばに大きい桜の木が20本ぐらいありました。子供たちはよく木の下で遊びました。

　今、ここは大学です。大学のキャンパスには池も桜の木もあります。風景はとてもきれいです。桜の木はまだ^{注1}小さいですが、毎年、春には、おおぜい^{注2}の観光客（かんこうきゃく）が大学へ桜の花を見に来ます。学生たちも花見をします。みんなは桜の木の下で写真を撮ります。

注1：まだ／尚且，还未
注2：おおぜい／许多

　1.　昔、ここはどんな所でしたか。
　　　A　汚かったです。
　　　B　人が少なかったです。
　　　C　大きな桜の木がたくさんありました。
　　　D　池に魚がいませんでした。
　2.　今、ここはどんな所ですか。
　　　A　きれいです。
　　　B　観光客は来ません。
　　　C　学生は桜を見ません。
　　　D　先生はよく花見をします
　3.　文章の内容と合っている内容を選んでください。
　　　A　昔、ここに池がありましたが、今はありません。
　　　B　昔、ここの桜の木は大きかったですが、今は小さいです。
　　　C　昔、ここにたくさんの人が来ましたが、今来ません。
　　　D　昔、ここで誰も写真を撮りませんでしたが、今は写真を撮ります。

問題十一　声を出して読んでみましょう。

旅行（りょこう）

日本（にほん）は祝日（しゅくじつ）が多いです。特（とく）に4月（しがつ）の末（すえ）から5月（ごがつ）の初（はじ）めまではゴールデンウイークで、休（やす）みの日（ひ）が多（おお）くて、おおぜいの人が旅行（りょこう）をします。

木下（きのした）さんは今年（ことし）の夏休（なつやす）みに留学生（りゅうがくせい）たちと一緒（いっしょ）に旅行（りょこう）をしました。飛行機（ひこうき）で大連（だいれん）へ行（い）きまし

た。キャビンアテンダントは親切で、とても楽しい旅行でしたが、すこし疲れました。大連に4日間いましたが、毎日とてもいい天気でした。昼はちょっと暑かったですが、朝と夜はあまり暑くありませんでした。ホテルの部屋はきれいで広かったですが、あまり静かではありませんでした。

翻訳

問題十二　次の文章を日本語に訳しなさい。

　　我在去年8月的時候去了趙北海道。吃了当地的拉面和寿司，都非常好吃。晩上住在札幌[注1]市内的宾馆[注2]。宾馆虽然很小，但是离海很近，风景十分美丽。北海道环境十分宁静，是一个使人心情舒畅[注3]的好地方。

注1：札幌／札幌
注2：住宾馆／ホテルに泊まる
注3：舒畅／気持ちがいい

1. 日本語訳を書きなさい。

_____

_____

_____

2. 中国語の原文だけを見て、声を出して日本語に訳しなさい。（日本語訳を見ないでください。）

問題十三　次の文章を中国語に訳しなさい。

　　昨日、私は友達と買い物に行きました。町はとても賑やかでした。友達はスカート[注1]と靴[注2]を買いました。スカートは安かったですが、靴は高かったです。私は何も買いませんでした。残念でした。

注1：スカート／裙子
注2：靴／鞋

1. 中国語訳を書きなさい。

_____

_____

_____

2. 日本語の原文だけを見て、声を出して中国語に訳しなさい。（中国語訳を見ないでください。）

自我评价表

A完成得很好　B完成得一般　C完成得不理想

	练习	练习内容	练习目的	自我评价
课前预习	练习1	汉字标注假名	掌握日语汉字读音	A・B・C
	练习2	听写汉字	掌握日语汉字书写	A・B・C
	练习3	填写外来语	掌握外来语的书写及含义	A・B・C
	练习4	填写イ形容词和ナ形容词的连体形和连用形 填写时间段的表达方式	了解日语イ形容词和ナ形容词的变化规律 了解时间段的表达方式	A・B・C
课后总结	练习1	总结语法要点	巩固本课所学的语法知识	A・B・C
	练习2	使用知识要点达成交际目标	提高知识要点的实际应用能力	A・B・C
自我检测	问题一	汉字标注假名	掌握日语汉字读音	A・B・C
	问题二	假名标注汉字	掌握日语汉字书写	A・B・C
	问题三	外来语选择	掌握外来语的书写及含义	A・B・C
	问题四	词汇选择	掌握词汇的含义及用法	A・B・C
	问题五	助词填空	掌握助词的用法	A・B・C
	问题六	完成句子	掌握句型的接续及用法	A・B・C
	问题七	句子语法1（选择语法项目）	提高语法知识的综合应用能力	A・B・C
	问题八	句子语法2（组合句子）		A・B・C
	问题九	阅读理解	提高分析、理解日语文章的能力	A・B・C
	问题十			A・B・C
	问题十一	日语短文朗读	掌握规范的语音、语调，培养语感	A・B・C
	问题十二	汉译日	巩固所学语法、词汇，提高综合应用能力	A・B・C
	问题十三	日译汉		A・B・C

第7課

買い物

课前预习

请观看第7课的视频，预习本课单词、句型等相关知识后，在课前完成下列练习。

练习1 请给下列单词标注读音。

1. 携带 _____   2. 用事 _____
3. 着く _____   4. 迷う _____
5. 値段 _____   6. 店員 _____
7. 最後 _____   8. 聞く _____
9. 新幹線 _____   10. 秋 _____
11. 刺身 _____   12. 走る _____
13. 建物 _____   14. 足す _____
15. 熱心 _____

练习2 请听录音，写汉字。🎧

1. （　　　　）いデジカメ   2. 携帯が（　　　　）れる
3. （　　　　）がいい   4. 焼き鳥を（　　　　）する
5. （　　　　）がいい   6. （　　　　）な料理
7. 大学を（　　　）する   8. 出身地が（　　　）う
9. 寮をきれいに（　　　）する 10. （　　　　）しい季節

练习3 请结合括号内的提示写出外来语补全句子，并写出相应的英语单词。

1. この携帯ケースは_____（设计）がいいですね。   英语：_____
2. 果物の中で_____（蓝莓）が一番好きです。   英语：_____

3. 王さんのノートパソコンはどこの_____（制造商）のですか。　　英语：_____

4. _____（运动）の中で、_____（羽毛球）が一番好きです。　　英语：_____

　　英语：_____

5. _____（柠檬）はビタミンCが多いです。　　英语：_____

6. スーパーで_____（圆珠笔）を買いました。　　英语：_____

7. _____（汉堡包）を一つと_____（炸薯条）を一つください。　　英语：_____

　　英语：_____

8. これから_____（冰激凌）を食べます。　　英语：_____

9. 先月から_____（便利店）でアルバイトを始めました。　　英语：_____

10. すみません、この近くに_____（购物中心）がありますか。　　英语：_____

练习4　了解日语中表示比较的句型，以及购物时常用的句型。

1. 预习表示比较的句型，完成下表。

	两者的比较	三者或三者以上的比较
肯定句		
否定句		
疑问句		

2. 预习购物时常用的句型，完成下表。

询问价格	决定购买某商品

课后总结

练习1 对照本课的语法要点，填写下表。

语法要点	造句	语法细节
～は～より～です。		
～より～のほうが～です。		
～は～ほど～ないです。		
～と～とどちらが～ですか。		
～(の中)で～が一番～です。		
～は(数量词)いくらですか。		
～を(数量词)ください。		
一緒に～ませんか。		

练习2 使用本课知识要点，尝试达成以下的交际目标。

1. 表达两者之间的比较。

   _____
   _____
   _____

2. 表达三者或三者以上的比较。

   _____
   _____
   _____

3. 向店员询问商品价格，并表明购物意愿。

_____

_____

_____

4. 邀请别人以及回应别人的邀请。

_____

_____

_____

自我检测

言語知識（文字・語彙）

問題一　次の下線の単語を平仮名で書きなさい。

1. 私は赤い花が好きです。（　　　　）
2. スマホが壊れましたから、新しいのを買います。（　　　　）
3. 大学から市内までバスで1時間ぐらいで着きます。（　　　　）
4. 大連の海はとても美しいです。（　　　　）
5. 電気屋で新型のスマホを買いました。（　　　　）
6. 田中さんは楊さんと趣味が違います。（　　　　）
7. 立派な建物ですね。（　　　　）
8. 毎日教室をきれいに掃除します。（　　　　）
9. 値段は高いですが、品物はいいです。（　　　　）
10. 北海道の札幌は雪祭りが有名です。（　　　　）
11. その川の水は汚いです。（　　　　）
12. 北京の香山は紅葉がきれいです。（　　　　）
13. 季節の中で秋が一番好きです。（　　　　）
14. すみません、80円の切手を2枚ください。（　　　　）
15. 王さん、スポーツの中で何が一番得意ですか。（　　　　）

問題二　次の下線の単語を漢字で書きなさい。

1. 何かようじがありますか。（　　　　）
2. ぜんぶでいくらですか。（　　　　）

3. 山の中で道に<u>まよ</u>いました。（　　　　）

4. この機械は<u>せいのう</u>がとてもいいです。（　　　　）

5. 日本は<u>ぶっか</u>が高いです。（　　　　）

6. 私は毎朝日本語のニュースを<u>きき</u>ます。（　　　　）

7. 日本の<u>しんかんせん</u>より中国の高鉄のほうがいいです。（　　　　）

8. 日本料理の中でお<u>さしみ</u>が一番好きです。（　　　　）

9. <u>ねっしん</u>に日本語を勉強します。（　　　　）

10. 高鉄は1時間で400キロも<u>はしり</u>ます。（　　　　）

11. 肉と<u>やさい</u>とどちらが好きですか。（　　　　）

12. 大学のスーパーで<u>にちようひん</u>を買います。（　　　　）

13. 京都は<u>れきし</u>が長いです。（　　　　）

14. 日本で、<u>やきゅう</u>が一番人気があります。（　　　　）

15. 再来月のABCのコンサートの<u>きっぷ</u>を買いました。（　　　　）

問題三　＿＿＿＿＿に何が入りますか。Ａ・Ｂ・Ｃ・Ｄから一番適切なものを一つ選びなさい。

1. 好きな＿＿＿＿＿はサッカーです。
　　А　コンサート　　　В　スポーツ　　　　С　サイト　　　　　D　スケジュール

2. 文房具屋で＿＿＿＿＿を1本買いました。
　　А　ケーキ　　　　　　　　　　　В　シャープペンシル
　　С　ハンバーガー　　　　　　　　D　ブルーベリー

3. この＿＿＿＿＿、おいしいですね。
　　А　アイスクリーム　　　　　　　В　デザイン
　　С　ボールペン　　　　　　　　　D　メーカー

4. アパートのそばに＿＿＿＿＿がありますから、とても便利です。
　　А　メーカー　　　　　　　　　　В　アイスクリーム
　　С　ロビー　　　　　　　　　　　D　ショッピングセンター

5. デパートで＿＿＿＿＿を1枚買いました。
　　А　ケーキ　　　　　В　ハンカチ　　　С　フライドポテト　D　レモン

6. 飲み物の中で＿＿＿＿＿が一番好きです。
　　А　アイスクリーム　　　　　　　В　ケーキ
　　С　コーラ　　　　　　　　　　　D　フライドポテト

7. 「今晩一緒に晩ご飯を食べませんか。」
　　「いいですね。じゃ、5時半に＿＿＿＿＿で会いましょう。」
　　А　サイト　　　　　В　スポーツ　　　С　メーカー　　　　D　ロビー

8. 「すみません。＿＿＿＿＿を1本ください。」
　　А　アイスクリーム　　　　　　　　В　ハンカチ

　　　　　C　ハンバーガー　　　　　　　　　　D　ミネラルウォーター

問題四　＿＿＿＿＿に何が入りますか。A・B・C・Dから一番適切なものを一つ選びなさい。

1. あの高い＿＿＿＿＿はデパートです。
　　A　えいがかん　　　　B　たてもの　　　　　C　としょかん　　　　D　ゆうびんきょく
2. 東京駅までの電車の＿＿＿＿＿はいくらですか。
　　A　くつ　　　　　　　B　きって　　　　　　C　きっぷ　　　　　　D　ぼうし
3. 「レモンティーとハンバーガーですね。全部で500円です。」
　　「え、すみません。＿＿＿＿＿ですか。」
　　「500円です。」
　　A　いくら　　　　　　B　どちら　　　　　　C　どなた　　　　　　D　どれ
4. 「コーヒーは＿＿＿＿＿ですか。」
　　「ありがとうございます。いただきます。」
　　A　いかが　　　　　　B　いくつ　　　　　　C　どちら　　　　　　D　どなた
5. ＿＿＿＿＿の中で、トマトジュースが一番好きです。
　　A　かいもの　　　　　B　たてもの　　　　　C　たべもの　　　　　D　のみもの
6. レモンティーが好きですか。＿＿＿＿＿ミルクティーが好きですか。
　　A　これから　　　　　B　そして　　　　　　C　それから　　　　　D　それとも
7. 夏休みを楽しく＿＿＿＿＿。
　　A　すごしました　　B　はしりました　　C　まよいました　　D　わかりました
8. 日本料理店でお寿司やお刺身などを＿＿＿＿＿しました。
　　A　そうじ　　　　　　B　そうさ　　　　　　C　ちゅうもん　　　　D　でんわ
9. 私の一番＿＿＿＿＿料理はマーボー豆腐です。
　　A　うつくしい　　　B　おいしい　　　　　C　とくいな　　　　　D　ねっしんな
10. 1＿＿＿＿＿1は2です。
　　A　たす　　　　　　　B　できる　　　　　　C　はしる　　　　　　D　わかる
11. 飛行機は新幹線より＿＿＿＿＿速いです。
　　A　あまり　　　　　　B　一番　　　　　　　C　ずっと　　　　　　D　そんなに
12. 日本料理より＿＿＿＿＿中国料理のほうが好きです。
　　A　一番　　　　　　　B　それとも　　　　　C　たまに　　　　　　D　やっぱり

問題五　＿＿＿＿＿の文とだいたい同じ意味の文があります。A・B・C・Dから一番適切なものを一つ選びなさい。

1. 妹は姉より背が高いです。
　　A　姉より妹のほうが背が低いです。
　　B　妹より姉のほうが背が高いです。

  C　妹は姉と同じぐらい背が高いです。

  D　姉は妹ほど背が高くないです。

2. 大連は北京ほど広くないです。

  A　大連は北京より広いです。

  B　大連は北京と同じぐらい広いです。

  C　北京より大連のほうが広いです。

  D　北京より大連のほうが狭いです。

3. 部屋をそうじしました。

  A　部屋をあたらしくしました。

  B　部屋をあかるくしました。

  C　部屋をきれいにしました。

  D　部屋をひろくしました。

4. 次の電車は4時にこの駅につきます。

  A　次の電車は4時にこの駅へかえります。

  B　次の電車は4時にこの駅へいきます。

  C　次の電車は4時にこの駅へきます。

  D　次の電車は4時にこの駅をでます。

5. 木下さんは料理がとくいです。

  A　木下さんは料理がおいしいです。

  B　木下さんは料理がじょうずです。

  C　木下さんは料理がへたです。

  D　木下さんは料理がわかります。

言語知識（文法）

問題六　_____に適切な仮名を入れなさい。

1. A「犬＿＿猫＿＿とぢら＿＿好きですか。」

 B「私は犬＿＿ほう＿＿好きです。」

 C「私はどちら＿＿好きです。」

2. 日本語の宿題は30分＿＿終わりましたが、英語の宿題は2時間＿＿かかりました。

3. 楊さんは上手＿＿歌を歌います。

4. 毎朝8時20分ごろ教室＿＿着きます。

5. 今日はとても忙しいです＿＿　＿＿、少し遅く帰ります。

6. あさって、テストが終わります＿＿　＿＿、週末、どこかに遊び＿＿行きませんか。

7. 彼は私たち＿＿＿同じぐらいの年です。

8. 母の手作り料理は世界＿＿＿一番です。

9. 「サッカーのほう＿＿＿好きですか。野球のほう＿＿＿好きですか。」
   「どちら＿＿＿好きです。スポーツは何でも好きです。」

10. 一年でいつ＿＿＿一番暑いですか。

11. このりんごは、六つ＿＿＿500円です。

12. すみません、みかん＿＿＿四つください。

13. 「土曜日にサッカーをします。山下さん＿＿＿一緒にしませんか。」
    「はい。ありがとうございます。」

問題七　例のように次の文を完成させなさい。

例 「日本語と英語とどちらが好きですか。」
「日本語のほうが好きです。」

1. 兄は弟より背が＿＿＿＿＿＿＿＿＿＿＿＿＿＿＿＿＿＿＿＿＿。

2. 弟は兄ほど背が＿＿＿＿＿＿＿＿＿＿＿＿＿＿＿＿＿＿＿＿＿。

3. 「1月と2月とどちらが寒いですか。」
   「2月＿＿＿＿＿＿＿＿＿＿＿＿＿＿＿＿＿＿＿。」

4. 「飛行機と新幹線と＿＿＿＿＿＿＿＿＿＿＿＿＿＿＿＿＿＿。」
   「飛行機のほうが速いです。」

5. 「あなたの故郷で何月が一番暑いですか。」
   「＿＿＿＿＿＿＿＿＿＿＿＿＿＿＿＿＿＿＿＿。」

6. 「スポーツの中で何が一番好きですか。」
   「＿＿＿＿＿＿＿＿＿＿＿＿＿＿＿＿＿＿＿。」

7. 「もう12時です。あそこで一緒においしいものを＿＿＿＿＿＿＿＿＿＿＿＿＿＿＿＿＿＿。」
   「いいですね。食べましょう。」

8. 「どこかへ遊びに行きませんか。」
   「そうですね。＿＿＿＿＿＿＿＿＿＿＿＿＿＿＿＿＿＿＿。」

問題八　＿＿＿＿＿に何が入りますか。A・B・C・Dから一番適切なものを一つ選びなさい。

1. 今日は昨日＿＿＿＿＿涼しくないです。
   A　から　　　　　　B　まで　　　　　　C　ほど　　　　　　D　より

2. 私は猫＿＿＿＿＿犬が好きです。
   A　から　　　　　　B　ごろ　　　　　　C　まで　　　　　　D　より

3. 「果物の中で＿＿＿＿＿が一番好きですか。」
   「ブルーベリーです。」
   A　どこ　　　　　　B　どちら　　　　　　C　なん　　　　　　D　なに

4. コーヒーと紅茶と、＿＿＿＿がいいですか。
　　　A　だれ　　　　　　　B　何　　　　　　　　C　どちら　　　　　D　どれ
5. 「今日は暑いですね。」
　　「ええ。でも、私の国＿＿＿＿涼しいです。」
　　　A　から　　　　　　　B　より　　　　　　　C　ぐらい　　　　　D　では
6. すみません、このシャツ＿＿＿＿ください。
　　　A　に　　　　　　　　B　の　　　　　　　　C　へ　　　　　　　D　を
7. 昨日の夜、4時間＿＿＿＿勉強しました。
　　　A　が　　　　　　　　B　の　　　　　　　　C　も　　　　　　　D　を
8. 食べ物の中＿＿＿＿何が一番好きですか。
　　　A　が　　　　　　　　B　で　　　　　　　　C　に　　　　　　　D　を
9. 今朝、大きいパンを五つ＿＿＿＿食べました。
　　　A　が　　　　　　　　B　で　　　　　　　　C　と　　　　　　　D　も
10. 晩ご飯をちょっと＿＿＿＿すぎました。
　　　A　食べ　　　　　　　B　食べる　　　　　　C　食べます　　　　D　食べました
11. 大学から市内までスクールバスで1時間ぐらい＿＿＿＿着きます。
　　　A　が　　　　　　　　B　で　　　　　　　　C　に　　　　　　　D　も
12. 今年の誕生日を＿＿＿＿楽しく過ごしました。
　　　A　最高が　　　　　　B　最高く　　　　　　C　最高で　　　　　D　最高に
13. 王さんはいつもクラスメートより＿＿＿＿教室に行きます。
　　　A　早い　　　　　　　B　早く　　　　　　　C　早くて　　　　　D　早くに
14. 私は徐さん＿＿＿＿出身地が違います。
　　　A　が　　　　　　　　B　で　　　　　　　　C　と　　　　　　　D　の
15. 今週の小テストは日曜日の夜8時から＿＿＿＿。
　　　A　ですっけ　　　　　B　でしたっけ　　　　C　でしたか　　　　D　でしたが
16. 「周さん、写真を＿＿＿＿。」
　　「ええ、いいですね。」
　　　A　撮ります　　　　　B　撮りません　　　　C　撮りましたか　　D　撮りませんか
17. 「明日映画を見に行きます。＿＿＿＿。」
　　「はい、行きます。」
　　　A　劉さんを行きませんか　　　　　　　B　劉さんと行きませんか
　　　C　劉さんが行きませんか　　　　　　　D　劉さんも行きませんか
18. 「今週の週末、一緒にテーマパークへ遊びに行きませんか。」
　　「すみません。＿＿＿＿。」
　　　A　行きましょう　　　　　　　　　　　B　行きません
　　　C　行きました　　　　　　　　　　　　D　今週はちょっと……

問題九　___★___に入るものはどれですか。Ａ・Ｂ・Ｃ・Ｄから一番適切なものを一つ選びなさい。

1. 「ひらがな_____　_____　_★_　_____が難しいですね。」
   「そうですね。」
   A　かたかな　　　　　B　ほう　　　　　　C　より　　　　　　　D　の

2. 「木下さんの家、大きいですね。」
   「いいえ、大きくありませんよ。渡辺さんの家_____　_____　_★_　_____ですよ。」
   A　大きい　　　　　　B　私の家　　　　　C　より　　　　　　D　のほうが

3. 「きれいな山ですね。」
   「あれは富士山です。日本_____　_____　_★_　_____ですよ。」
   A　山　　　　　　　　B　一番　　　　　　C　で　　　　　　　　D　高い

4. あなたのクラスの中_____　_____　_★_　_____背が高いですか。
   A　が　　　　　　　　B　で　　　　　　　C　だれ　　　　　　D　一番

5. 「お茶と_____　_____　_★_　_____いいですか。」
   「どちらでもいいです。」
   A　が　　　　　　　　B　と　　　　　　　C　どちら　　　　　D　コーヒー

6. 「井上さんは海と山とどちらが好きですか。」
   「私は_____　_____　_★_　_____好きです。」
   A　が　　　　　　　　B　の　　　　　　　C　ほう　　　　　　D　海

7. これ_____　_____　_★_　_____ありますか。
   A　が　　　　　　　　B　より　　　　　　C　かばん　　　　　D　大きい

8. 「もう_____　_____　_★_　_____終わりましたか。」
   「いいえ、まだです。」
   A　の　　　　　　　　B　は　　　　　　　C　掃除　　　　　　D　教室

9. 「明日、誰か私_____　_____　_★_　_____行きませんか。」
   「私、行きます。」
   A　一緒に　　　　　　B　映画　　　　　　C　と　　　　　　　D　に

読解

問題十　次の文を読んで質問に答えなさい。答えはＡ・Ｂ・Ｃ・Ｄから一番適切なものを一つ選びなさい。

　東京と京都はどちらも日本の有名な都市です。東京は関東地方にあります。東京は日本の首都

で、政治、経済、文化の中心です。京都は関西地方にあります。昔は日本の首都で、今は有名な観光地です。東京の面積は京都より大きくて、人口も京都よりずっと多いです。

　京都は古い都市です。東京は京都ほど古くありません。そして、京都ほど静かではありません。とてもにぎやかです。京都の町はあまり大きくありません。周りに山があります。ですから、空気が新鮮で、景色もきれいです。東京の空気は京都ほど新鮮ではありません。それに、景色も京都ほどきれいではありません。東京は高いビルが多いです。京都は高いビルが少なくて、低い木造の建物が多いです。

1. 東京と京都は日本のどこにありますか。
   A　東京も京都も関東地方にあります。
   B　東京も京都も関西地方にあります。
   C　東京は関東地方にありますが、京都は関西地方にあります。
   D　東京は関西地方にありますが、京都は関東地方にあります。
2. 東京はどんな都市ですか。
   A　大きくて人口が多い都市です。
   B　人口が多くて静かな都市です。
   C　古くてにぎやかな都市です。
   D　空気が新鮮で、高いビルが多い都市です。
3. 京都はどんな都市ですか。
   A　大きくて広い都市です。
   B　人口が多くて大きい都市です。
   C　古くてにぎやかな都市です。
   D　古くて静かな都市です。
4. 以下の文のうち、正しいのはどれですか。
   A　東京は有名ですが、京都はあまり有名ではありません。
   B　東京は京都より空気が新鮮です。
   C　京都は今日本の首都で、有名な観光地です。
   D　京都は空気が新鮮で、景色もきれいな都市です。

問題十一　次の文を読んで質問に答えなさい。答えはA・B・C・Dから一番適切なものを一つ選びなさい。

　札幌は北海道で一番にぎやかな町です。有名な所が多いですから、たくさんの人が旅行に来ます。私はその中で「大通公園（おおどおりこうえん）」が大好きです。「大通公園」では、春、夏、秋、冬に、いろいろなお祭り（まつ）[注1]があって、いつも楽しいからです。

　そして、春、夏、秋より、私は冬の「大通公園」が一番好きです。特に2月の札幌雪祭りです。その時、公園には、雪でできた彫像がたくさんあります。大きいものは15メートルぐらいあっ

て、すばらしいです。2月の札幌は寒くて大変です。でも、札幌雪祭りはとても楽しいですから、それを忘れて見ることができます注2。

注1：お祭り／祭祀，庙会

注2：～ことができます／能够，可以

1. たくさんの人が札幌へ旅行に来るのはなぜですか。
    A　とても大きい町だから。
    B　とてもにぎやかな町だから。
    C　有名な所がたくさんあるから。
    D　北海道の冬が好きだから。

2. 「私」はなぜ「大通公園」が好きですか。
    A　有名な公園だから。
    B　とても賑やかな公園だから。
    C　祭りが多くて楽しい公園だから。
    D　有名な人がたくさん来るから。

3. 「それ」とは何ですか。
    A　いろいろな祭り
    B　有名な人や物
    C　札幌雪祭りが楽しいこと
    D　札幌が寒くてたいへんなこと

問題十二　声を出して読んでみましょう。

日本には北海道、本州、九州、四国の四つの大きい島があります。小さい島もたくさんあります。一番大きい島は本州です。北海道と九州では、北海道のほうがずっと大きいです。四国は九州ほど大きくないです。

翻訳

問題十三　次の文章を日本語に訳しなさい。

我是○○大学日语系的一年级学生，姓杨。班级同学总共25人，其中男同学5人。他们分别是小王、小李、小刘、小陈和小徐。小王个子最高。小李比小刘和小陈个子高。小刘和小陈个子差不多一样高。小徐不如小陈个子高。

1. 日本語訳を書きなさい。

_____

_____

_____

_____

_____

_____

2. 中国語の原文だけを見て、声を出して日本語に訳しなさい。（日本語訳を見ないでください。）

問題十四　次の文章を中国語に訳しなさい。

　私はスポーツが好きです。サッカーやバドミントンやジョギングなど、いろいろなスポーツをします。サッカーはたくさんの人で一緒にやるので[注1]、とても楽しいです。でも、私はサッカーよりバドミントンのほうが得意です。暇な時、よく友達と一緒に体育館でバドミントンをします。そして、一人の時には、ジョギングをします。

　みなさんはスポーツの中で、何が一番好きですか。今度、一緒にサッカーやバドミントンをしませんか。私に声をかけてください[注2]ね。

注1：～ので、～／因为……

注2：声をかけてください／请跟我打招呼，请叫上我

1. 中国語訳を書きなさい。

_____

_____

_____

_____

_____

2. 日本語の原文だけを見て、声を出して中国語に訳しなさい。（中国語訳を見ないでください。）

自我评价表

A完成得很好　B完成得一般　C完成得不理想

	练习	练习内容	练习目的	自我评价
课前预习	练习1	汉字标注假名	掌握日语汉字读音	A·B·C
	练习2	听写汉字	掌握日语汉字书写	A·B·C
	练习3	填写外来语	掌握外来语的书写及含义	A·B·C
	练习4	比较的表达方式 购物的表达方式	了解表示比较的表达方式，以及购物时的常用句型	A·B·C
课后总结	练习1	总结语法要点	巩固本课所学的语法知识	A·B·C
	练习2	使用知识要点达成交际目标	提高知识要点的实际应用能力	A·B·C
自我检测	問題一	汉字标注假名	掌握日语汉字读音	A·B·C
	問題二	假名标注汉字	掌握日语汉字书写	A·B·C
	問題三	外来语选择	掌握外来语的书写及含义	A·B·C
	問題四	词汇选择	掌握词汇的含义及用法	A·B·C
	問題五	同义句选择	掌握近义词汇及表达	A·B·C
	問題六	助词填空	掌握助词的用法	A·B·C
	問題七	完成句子	掌握句型的接续及用法	A·B·C
	問題八	句子语法1（选择语法项目）	提高语法知识的综合应用能力	A·B·C
	問題九	句子语法2（组合句子）		A·B·C
	問題十	阅读理解	提高分析、理解日语文章的能力	A·B·C
	問題十一			A·B·C
	問題十二	日语短文朗读	掌握规范的语音、语调，培养语感	A·B·C
	問題十三	汉译日	巩固所学语法、词汇，提高综合应用能力	A·B·C
	問題十四	日译汉		A·B·C

プレゼント

课前预习

请观看第8课的视频，预习本课单词、句型等相关知识后，在课前完成下列练习。

练习1　请给下列单词标注读音。

1. 正月＿＿＿＿＿＿＿＿＿＿　　2. 習慣＿＿＿＿＿＿＿＿＿＿
3. 旅＿＿＿＿＿＿＿＿＿＿　　4. 話＿＿＿＿＿＿＿＿＿＿
5. 翌日＿＿＿＿＿＿＿＿＿＿　　6. 感激＿＿＿＿＿＿＿＿＿＿
7. 贈る＿＿＿＿＿＿＿＿＿＿　　8. 餌＿＿＿＿＿＿＿＿＿＿
9. 毎月＿＿＿＿＿＿＿＿＿＿　　10. 生活費＿＿＿＿＿＿＿＿＿＿
11. 教える＿＿＿＿＿＿＿＿＿＿　　12. 出産＿＿＿＿＿＿＿＿＿＿
13. 習う＿＿＿＿＿＿＿＿＿＿　　14. 結婚＿＿＿＿＿＿＿＿＿＿
15. 歌舞伎＿＿＿＿＿＿＿＿＿＿

练习2　请听录音，写汉字。 🎧

1. （　　　　）をかける　　2. （　　　　）の子
3. （　　　　）をもらう　　4. お（　　　　）にご馳走をする
5. 誕生日を（　　　）う　　6. （　　　　）の先生
7. きれいな（　　　）　　8. （　　　　）に生活費をもらう
9. メールを（　　　）る　　10. 本を（　　　）りる
11. ホテルを（　　　）する　　12. レポートを（　　　）く
13. 手紙を（　　　）す　　14. （　　　　）なプレゼント
15. 高校（　　　）

练习3 请结合括号内的提示写出外来语补全句子，并写出相应的英语单词。

1. 今年の誕生日になにか_____（礼物）をもらいましたか。 英语：_____

2. デパートで白い_____（衬衫）を買いました。 英语：_____

3. 入学祝いに子供に_____（足球）をあげました。 英语：_____

4. よくスマホで_____（邮件）を送ります。 英语：_____

5. 入社祝いに父から_____（西服套装）をもらいました。 英语：_____

6. 冬休みに、北京へABCの_____（现场演唱会）を見に行きます。 英语：_____

7. _____（卡片）に名前を書きます。 英语：_____

8. _____（研究报告）はもう終わりましたか。 英语：_____

9. 旅行の前に、_____（酒店）を予約します。 英语：_____

10. 進学祝いに母から新型の_____（平板电脑）をもらいました。 英语：_____

练习4 预习表示物品授受表达的句型，并翻译以下句子，理解授受动词"あげる""もらう""くれる"的意义和用法。

中文	日语
我送给了小杨圆珠笔。	
我收到了小杨送的圆珠笔。	
小杨送给了我圆珠笔。	

1. 表示物品授受时，使用不同的授受动词时，物品的"给予者"和"接受者"会发生改变。其中，_____、_____的主语为给予者，_____的主语为接受者。

2. 使用_____表达物品授受时，物品的"接受者"不能是"我或己方的人"；使用_____表达物品授受时，物品的"给予者"不能是"我或己方的人"；使用_____表达物品授受时，物品的"接受者"必须是"我或己方的人"。

课后总结

练习1　对照本课的语法要点，填写下表。

语法要点	造句	语法细节
～は～に～をあげます／さしあげます／やります。		
～は～に（から）～をもらいます／いただきます。		
～は～に～をくれます／くださいます。		
もう～ました。		

练习2　使用本课知识要点，尝试达成以下的交际目标。

1. 使用日语表达给予或接受某物。

2. 使用日语赠送生日礼物。

3. 使用日语介绍曾经收到的礼物。

自我检测

言語知識（文字・語彙）

問題一　次の下線の単語を平仮名で書きなさい。

1. 毎月映画を見ます。（　　　　）
2. 誕生日に先生に本をいただきました。とても感激しました。（　　　　）
3. 入社祝いに弟にスーツを贈りました。（　　　　）
4. 記念に写真をたくさん撮りました。（　　　　）
5. 誕生日に彼女から財布をもらいました。（　　　　）
6. 教師の日に先生に花束をさしあげます。（　　　　）
7. 今年の誕生日をクラスメートと一緒に祝いました。（　　　　）
8. 郵便局へ荷物を出しに行きます。（　　　　）
9. 図書館で本を借りました。（　　　　）
10. 家族に日本のおみやげを送りました。（　　　　）
11. 李さんはいつも授業の前に予習をします。（　　　　）
12. 楊さんからおもしろい話を聞きました。（　　　　）
13. すみません、電気製品売り場はどこですか。（　　　　）
14. 食事の前に、レストランを予約します。（　　　　）
15. 翌日の新幹線で東京へ行きます。（　　　　）

問題二　次の下線の単語を漢字で書きなさい。

1. 毎日家族にでんわします。（　　　　）
2. ちょっときもちがよくないです。（　　　　）
3. 両親に手紙をかきます。（　　　　）
4. 中国のお正月はどんなしゅうかんがありますか。（　　　　）
5. お正月におとなは子供にお年玉をあげます。（　　　　）
6. たびの記念に葉書を買いました。（　　　　）
7. ペットにえさをやりました。（　　　　）
8. せんじつ日本料理を食べました。（　　　　）
9. そつぎょう祝いに母からスマホをもらいました。（　　　　）
10. 田中さんは今年の9月にけっこんしました。（　　　　）
11. 私は毎月りょうしんに生活費をもらいます。（　　　　）
12. 週末に、王さんは田中さんに中国語をおしえます。（　　　　）

13. 週末に、田中さんは王さんに中国語を<u>ならい</u>ます。（　　　　）

14. テレビで日本の<u>かぶき</u>を見ました。（　　　　）

15. 親友の<u>しゅっさん</u>祝いにベビー服をあげました。（　　　　）

問題三　_____に何が入りますか。A・B・C・Dから一番適切なものを一つ選びなさい。

1. 彼女から_____をもらいました。大好きです。
   A　クラス　　　　　B　ネクタイ　　　　C　メール　　　　　D　ライブ

2. 李さんはスポーツが好きですから、李さんに_____をあげます。
   A　カード　　　　　B　サッカーボール　C　ティーシャツ　　D　ワイン

3. この_____、デザインがいいですね。
   A　カレー　　　　　B　クラス　　　　　C　タブレット　　　D　スポーツ

4. 近所のレストランですごくおいしい_____を食べました。
   A　カレー　　　　　B　クラス　　　　　C　シャツ　　　　　D　スーツ

5. 安いですから、デパートで_____を何枚も買いました。
   A　シャツ　　　　　B　スーツ　　　　　C　タブレット　　　D　ボールペン

6. 去年の誕生日にどんな_____がいちばんうれしかったですか。
   A　カード　　　　　B　ケーキ　　　　　C　ホテル　　　　　D　プレゼント

7. 私の_____は1組で、全部で25人です。
   A　カード　　　　　B　クラス　　　　　C　メール　　　　　D　ライブ

8. 日本人の友達に時々_____を送ります。
   A　インターネット　B　デザイン　　　　C　メーカー　　　　D　メール

9. _____は、どうもありがとうございました。
   A　あした　　　　　B　あさって　　　　C　せんじつ　　　　D　らいしゅう

問題四　_____に何が入りますか。A・B・C・Dから一番適切なものを一つ選びなさい。

1. 会社に電話を_____。
   A　かけます　　　　B　つけます　　　　C　はなします　　　D　はらいます

2. 国の友達に_____を出しました。
   A　きって　　　　　B　きっぷ　　　　　C　はがき　　　　　D　ふうとう

3. 郵便局へ手紙を_____に行きます。
   A　借り　　　　　　B　書き　　　　　　C　貸し　　　　　　D　出し

4. 「週末に、一緒に市内へ遊びに行きませんか。」
   「すみません。友達と_____があります。」
   A　ひっこし　　　　B　やくそく　　　　C　よやく　　　　　D　よしゅう

5. プレゼントの_____に、楊さんにごちそうをしました。
   A　おいわい　　　　B　おみやげ　　　　C　おれい　　　　　D　きねん

88

6. 日本語学科の一年生は月曜日から金曜日まで日本語を＿＿＿＿。
　　A　あげます　　　　B　おしえます　　　C　ならいます　　　D　もらいます
7. 「程さん、これから図書館へ本を＿＿＿＿に行きませんか。」
　　「ええ、いいですね。行きましょう。」
　　A　あげ　　　　　　B　かし　　　　　　C　かり　　　　　　D　ならい
8. 第9課の単語をもう＿＿＿＿しました。
　　A　かんげき　　　　B　やくそく　　　　C　よやく　　　　　D　よしゅう
9. 今年の9月に大学に進学しました。4年後、＿＿＿＿します。
　　A　そつぎょう　　　B　ひっこし　　　　C　にゅうがく　　　D　やくそく
10. 朝ご飯はだいたいパン、ミルク、＿＿＿＿たまごです。
　　A　これから　　　　B　それから　　　　C　それとも　　　　D　それでは
11. あの映画は＿＿＿＿見ました。
　　A　これから　　　　B　とても　　　　　C　まだ　　　　　　D　もう

問題五　＿＿＿＿の文とだいたい同じ意味の文があります。A・B・C・Dから一番適切なものを一つ選びなさい。

1. 友達は斎藤さんにお菓子をもらいました。
　　A　友達は斎藤さんにお菓子をあげました。
　　B　友達は斎藤さんにお菓子をかりました。
　　C　斎藤さんは友達にお菓子をあげました。
　　D　斎藤さんは友達にお菓子をかりました。
2. 誕生日に花子さんは花をくれました。
　　A　誕生日に私は花子さんに花をあげました。
　　B　誕生日に私は花子さんに花をかしました。
　　C　誕生日に私は花子さんに花をかりました。
　　D　誕生日に私は花子さんに花をもらいました。
3. 父に電話をかけました。
　　A　父が私に電話をかけました。
　　B　父と電話で話しました。
　　C　父から電話がありました。
　　D　父は誰かと電話で話しました。
4. 私は清水さんに辞書をかりました。
　　A　私は清水さんに辞書をかしました。
　　B　私は清水さんに辞書をもらいました。
　　C　清水さんは私に辞書をかしました。
　　D　清水さんは私に辞書をもらいました。

5. 後でメールをします。

    A 後でメールをおくります。

    B 後でメールをかいます。

    C 後でメールをみます。

    D 後でメールをよみます。

6. 昼ご飯はまだです。

    A 昼ご飯はこれから食べます。

    B 昼ご飯はさっき食べました。

    C 昼ご飯はそれから食べます。

    D 昼ご飯はもう食べました。

言語知識（文法）

問題六 ＿＿＿＿＿に適切な仮名を入れなさい。

1. 国の友達＿＿＿電話＿＿＿かけます。

2. 誕生日＿＿＿、友達＿＿＿花をもらいました。

3. 「今晩、何をしますか。」

    「高校時代＿＿＿友達＿＿＿会います。」

4. 去年の誕生日のお祝い＿＿＿、父＿＿＿ ＿＿＿＿スマホをもらいました。

5. 今朝、花＿＿＿水＿＿＿やりました。

6. さっき、日本人の友達＿＿＿ ＿＿＿電話がありました。

7. 学校＿＿＿ ＿＿＿奨学金をもらいました。

8. 私たちは先生＿＿＿花束をさしあげました。

9. 先生は私たち＿＿＿日本語の辞書をくださいました。

10. 母＿＿＿はよく電話で話しますが、父＿＿＿はあまり話しません。父＿＿＿は時々メールを

    送ります。父＿＿＿ ＿＿＿もよくメールが来ます。

11. 「きれいな帽子ですね。」

    「ありがとうございます。誕生日に母＿＿＿くれました。」

問題七 例のように次の文を完成させなさい。

    例▶ 私は楊さんにボールペンを<u>あげました</u>。

1. 私は花子さんの結婚祝いに電気製品を＿＿＿＿＿＿＿＿＿＿。

2. 花子さんは私の誕生日に帽子を＿＿＿＿＿＿＿＿＿＿。

3. 私は鈴木先生から日本の漫画を＿＿＿＿＿＿＿＿＿＿。

4. 私は鈴木先生に花束を_____。

5. 私は週に1回、花に水を_____。

6. 去年の誕生日に、私は母に洋服を_____。

7. 昨日は兄さんの誕生日でした。兄は両親からスマホを_____。私はネ
クタイを_____。

8. 「昨日、楊さんの誕生日でしたね。彼氏、何を_____か。」
「何も_____。」

問題八 _____に何が入りますか。A・B・C・Dから一番適切なものを一つ選びなさい。

1. 「黄さん、冬休みに何をしますか。」
「国へ帰ります。家族_____会います。」
　　A　に　　　　　　B　や　　　　　　C　も　　　　　　D　友達

2. 私は妹_____日本語の歌を教えました。
　　A　や　　　　　　B　に　　　　　　C　を　　　　　　D　から

3. 今年の冬休みは、家族_____会い_____国に帰ります。
　　A　で／に　　　　B　に／に　　　　C　を／に　　　　D　に／を

4. おととい、図書館_____本を5冊借りました。
　　A　が　　　　　　B　から　　　　　C　と　　　　　　D　に

5. 卒業祝い_____みんな_____一緒にパーティーをしました。
　　A　で／に　　　　B　に／で　　　　C　で／と　　　　D　と／に

6. 「私は孫さんの誕生日にケーキを_____。」
「そうですか。孫さんはどうでしたか。」
　　A　あげました　　B　かりました　　C　くれました　　D　もらいました

7. 「素敵な時計ですね。」
「ありがとうございます。誕生日に父が_____。」
　　A　あげました　　B　かりました　　C　くれました　　D　もらいました

8. この財布は誕生日に友達から_____。
　　A　あげました　　B　くれました　　C　使いました　　D　もらいました

9. 「李さん、昨日のお菓子はまだありますか。」
「いいえ、もうありません。友達に_____。」
　　A　あげました　　B　借りました　　C　くれました　　D　もらいました

10. 鈴木先生は妹に絵本を_____。
　　A　あげました　　B　くださいました　C　いただきました　D　さしあげました

11. ルームメートの楊さんのお母さんからチョコレートを_____。
　　A　あげました　　　B　くださいました　C　いただきました　D　さしあげました

12. 「昼ご飯を食べましたか。」

　　「いいえ、＿＿＿です。一緒に食べませんか。」

　　A　あと　　　　　　B　まだ　　　　　　C　もう　　　　　　D　よく

13. 「昼ご飯を＿＿＿食べましたか。」

　　「いいえ、これからです。一緒に行きましょう。」

　　A　もう　　　　　　B　まだ　　　　　　C　たぶん　　　　　D　それから

14. 「宿題は＿＿＿しましたか。」

　　「＿＿＿です。＿＿＿終わります。」

　　A　まだ／まだ／もう　　　　　　　　B　まだ／まだ／もうすぐ

　　C　もう／もう／もうすぐ　　　　　　D　もう／まだ／もうすぐ

15. 「朱さんはまだいますか。」

　　「いいえ、もう＿＿＿よ。」

　　A　います　　　　　B　いました　　　　C　帰ります　　　　D　帰りました

問題九　＿★＿に入るものはどれですか。Ａ・Ｂ・Ｃ・Ｄから一番適切なものを一つ選びなさい。

1. 誕生日 ＿＿＿　＿＿＿　＿★＿　＿＿＿ をもらいました。

　　A　友達　　　　　　B　お菓子　　　　　C　から　　　　　　D　に

2. 「きれいなネックレスですね。」

　　「ありがとうございます。これ ＿＿＿　＿＿＿　＿★＿　＿＿＿にくれました。」

　　A　が　　　　　　　B　は　　　　　　　C　父　　　　　　　D　誕生日

3. 弟は母 ＿＿＿　＿＿＿　＿★＿　＿＿＿。

　　A　に　　　　　　　B　を　　　　　　　C　花　　　　　　　D　あげました

4. 日本人は結婚祝い ＿＿＿　＿＿＿　＿★＿　＿＿＿をあげます。」

　　A　お金　　　　　　B　や　　　　　　　C　に　　　　　　　D　電気製品

5. 「その本を読みましたか。」

　　「はい。＿＿＿　＿＿＿　＿★＿　＿＿＿。」

　　A　読みました　　　B　もう　　　　　　C　まで　　　　　　D　120ページ

読解

問題十　次の文を読んで質問に答えなさい。答えはA・B・C・Dから一番適切なもの
　　　　を一つ選びなさい。

　干さんは私の一番の友達です。干さんはとてもいい人です。私が病気の時、すぐ私のうちへ来
てくれました[注1]。私は干さんから薬やおいしい果物をもらいました。干さんは日本語を3年ぐら
い勉強したので[注2]、とても上手です。日本語の歌も上手に歌います。私は干さんのことが大好き
です。

　干さんは、今日本にいます。私は1週間に1回干さんとオンラインチャット[注3]をします。そし
て、いろいろな話をします。仕事や日本の生活の話です。今年の夏休みに私は日本へ旅行に行き
ます。干さんと一緒に東京や京都に行くつもりです[注4]。

注1：〜てくれました／対方为我……

注2：〜ので／因为……

注3：オンラインチャット／线上聊天

注4：〜つもりです／打算……

　　1.「私」が病気の時、干さんは何をしてくれましたか。
　　　　A　うちへ帰りました。
　　　　B　薬やおいしい果物をくれました。
　　　　C　日本語を勉強しました。
　　　　D　日本語の歌を歌いました。
　　2.「私」は干さんとオンラインで何を話しますか。
　　　　A　日本語の勉強　　　　　　　　B　日本語の歌
　　　　C　旅行　　　　　　　　　　　　D　日本の生活や仕事
　　3. 今年の夏休みに「私」は何をしますか。
　　　　A　日本語を勉強します。
　　　　B　日本語の歌の練習をします。
　　　　C　一人で東京や京都に行きます。
　　　　D　干さんと東京や京都に行きます。

問題十一　次の文を読んで質問に答えなさい。答えはA・B・C・Dから一番適切なも
　　　　　のを一つ選びなさい。

　お正月は日本人にとって[注1]一番大切な年中行事です。お正月には、家族で一緒に食事をする
習慣があります。「お節料理」という[注2]名前の日本料理を食べます。いろいろな料理があります

が、その一つ一つに意味があります。たとえば、「数の子」は小さい卵がたくさんあるので[注3]、「子孫繁栄」を意味します。

　お正月の子供たちの一番の楽しみはお年玉です。両親や親戚など、いろいろな人からお年玉をもらいます。たくさんもらう子供もいますが、小さい子供がたくさんお金をもらうのはよくないと思います[注4]。お年玉をあげる習慣は止めなくてもいいです[注5]が、年齢に合ったお年玉をあげるのがよいと思います。

注1：にとって／対……来说

注2：という／叫作

注3：～ので／因为……

注4：～と思います／我认为……

注5：止めなくてもいいです／可以不取消

1. 「数の子」にはどんな意味がありますか。
   A　小さい卵が多いこと　　　　　　　　B　大きい卵が少ないこと
   C　子供が多いこと　　　　　　　　　　D　子供が少ないこと

2. 「年齢に合ったお年玉をあげる」とはどんな意味ですか。
   A　みんなに同じぐらいのお年玉をあげる。
   B　大きい子供にお年玉を少しあげる。
   C　小さい子供にお年玉をたくさんあげる。
   D　小さい子供にお年玉を少しあげる。

3. 以下の文のうち、正しいのはどれですか。
   A　お正月は日本人にはそんな重要ではない祝日です。
   B　「お節料理」にはいろいろな種類があります。
   C　小さい子供がたくさんお金をもらってもいいです。
   D　お年玉をあげる習慣はもうありません。

問題十二　声を出して読んでみましょう。

　旧暦の7月7日は、中国の伝統的な祝日「七夕節」です。中国では、近年、七夕は中国の「バレンタインデー」とも言われています[注1]。この日に、恋人同士がお互いにプレゼントを贈ります。プレゼントは花束やチョコレートなど、いろいろです。

　今年の七夕に、私は彼氏からスマホをもらいました。一番好きなメーカーのスマホだったので[注2]、とてもうれしかったです。そして、私は彼氏にスーツをあげました。今年の七夕はとても楽しかったです。

注1：～と言われています／据说……

注2：～ので／因为……

翻訳

問題十三　次の文章を日本語に訳しなさい。

　　马上就是正月了。中国的正月，大人会给小孩压岁钱。我已经是大学生了，不过去年正月，我收到了家人给的压岁钱。爸爸和妈妈给了我1,000元。姐姐也给了我压岁钱，但哥哥没有给。

1. 日本語訳を書きなさい。

_____

_____

_____

_____

2. 中国語の原文だけを見て、声を出して日本語に訳しなさい。（日本語訳を見ないでください。）

問題十四　次の文章を中国語に訳しなさい。

　　昨日はクラスメートの楊さんの18歳の誕生日でした。楊さんはプレゼントをたくさんもらいました。基礎日本語の先生から日本語の辞書をいただきました。楊さんはとても感激しました。クラスメートのみんなは楊さんにケーキをあげました。そのケーキはとてもおいしかったです。それから、楊さんはお母さんから素敵な帽子をいただきました。そして、お父さんからABCのコンサートのチケットをいただきました。楊さんの一番好きなバンドですから、来月のコンサートが楽しみなようです[注1]。

注1：ようです／好像……

1. 中国語訳を書きなさい。

_____

_____

_____

_____

_____

2. 日本語の原文だけを見て、声を出して中国語に訳しなさい。（中国語訳を見ないでください。）

自我评价表

A完成得很好　B完成得一般　C完成得不理想

	练习	练习内容	练习目的	自我评价
课前预习	练习1	汉字标注假名	掌握日语汉字读音	A·B·C
	练习2	听写汉字	掌握日语汉字书写	A·B·C
	练习3	填写外来语	掌握外来语的书写及含义	A·B·C
	练习4	物品授受表达	理解日语授受动词的意义和用法	A·B·C
课后总结	练习1	总结语法要点	巩固本课所学的语法知识	A·B·C
	练习2	使用知识要点达成交际目标	提高知识要点的实际应用能力	A·B·C
自我检测	问题一	汉字标注假名	掌握日语汉字读音	A·B·C
	问题二	假名标注汉字	掌握日语汉字书写	A·B·C
	问题三	外来语选择	掌握外来语的书写及含义	A·B·C
	问题四	词汇选择	掌握词汇的含义及用法	A·B·C
	问题五	同义句选择	掌握近义词汇及表达	A·B·C
	问题六	助词填空	掌握助词的用法	A·B·C
	问题七	完成句子	掌握句型的接续及用法	A·B·C
	问题八	句子语法1（选择语法项目）	提高语法知识的综合应用能力	A·B·C
	问题九	句子语法2（组合句子）		A·B·C
	问题十	阅读理解	提高分析、理解日语文章的能力	A·B·C
	问题十一			A·B·C
	问题十二	日语短文朗读	掌握规范的语音、语调，培养语感	A·B·C
	问题十三	汉译日	巩固所学语法、词汇，提高综合应用能力	A·B·C
	问题十四	日译汉		A·B·C

第9課

スポーツ

课前预习

请观看第9课的视频，预习本课单词、句型等相关知识后，在课前完成下列练习。

练习1　请给下列单词标注读音。

1. 荷物＿＿＿＿＿＿＿＿＿＿＿＿＿＿＿
2. 出張＿＿＿＿＿＿＿＿＿＿＿＿＿＿＿
3. 体＿＿＿＿＿＿＿＿＿＿＿＿＿＿＿
4. 説明＿＿＿＿＿＿＿＿＿＿＿＿＿＿＿
5. 注意事項＿＿＿＿＿＿＿＿＿＿＿＿＿
6. 身分証明書＿＿＿＿＿＿＿＿＿＿＿＿
7. 申込書＿＿＿＿＿＿＿＿＿＿＿＿＿＿
8. 必要＿＿＿＿＿＿＿＿＿＿＿＿＿＿＿
9. 汗＿＿＿＿＿＿＿＿＿＿＿＿＿＿＿
10. 運転＿＿＿＿＿＿＿＿＿＿＿＿＿＿＿
11. 問題用紙＿＿＿＿＿＿＿＿＿＿＿＿＿
12. 住所＿＿＿＿＿＿＿＿＿＿＿＿＿＿＿
13. 他人＿＿＿＿＿＿＿＿＿＿＿＿＿＿＿
14. 部長＿＿＿＿＿＿＿＿＿＿＿＿＿＿＿
15. 歩行者＿＿＿＿＿＿＿＿＿＿＿＿＿＿

练习2　请听录音，写汉字。🎧

1. （　　　　）の誕生日
2. （　　　　）を飲みます
3. （　　　　）が必要です
4. （　　　　）行きます
5. 食べ物を（　　　　）します
6. （　　　　）を守ります
7. （　　　　）をつけます
8. 大学を（　　　　）します
9. 会議に（　　　　）します
10. （　　　　）に飲みます
11. （　　　　）のネクタイ
12. （　　　　）を受けます

练习3　请结合括号内的提示写出外来语补全句子，并写出相应的英语单词。

1. ＿＿＿＿＿＿（游泳池边）で走ってはいけません。　　　　英语：＿＿＿＿＿＿

2. ＿＿＿＿＿＿（出租车）で塔河湾駅に行きます。　　　　英语：＿＿＿＿＿＿

97

3. 大学の近くに＿＿＿＿＿＿（健身房）があります。　　　英语：＿＿＿＿＿＿＿

4. スポーツをするときに、＿＿＿＿＿＿（针织运动服）を着ます。　英语：＿＿＿＿＿＿＿

5. 家で＿＿＿＿＿＿（训练）をします。　　　　　　　　　英语：＿＿＿＿＿＿＿

6. 泳ぐとき、＿＿＿＿＿＿（泳镜）をつけます。　　　　英语：＿＿＿＿＿＿＿

7. 携帯電話を＿＿＿＿＿＿（锁柜）に入れました。　　　英语：＿＿＿＿＿＿＿

8. 電車に乗るとき、＿＿＿＿＿＿（礼貌）を守らないといけません。英语：＿＿＿＿＿＿＿

9. ＿＿＿＿＿＿（空调）をつけましょうか。　　　　　　英语：＿＿＿＿＿＿＿

10. ここに＿＿＿＿＿＿（签名）してください。　　　　　英语：＿＿＿＿＿＿＿

11. 日本の子供は＿＿＿＿＿＿（咖喱饭）が大好きです。　英语：＿＿＿＿＿＿＿

练习4　了解日语动词"て"形的变化规律。

1. 请填写下表，并注意观察动词连用形Ⅱ的变化规律。

	基本形	动词连用形Ⅰ	动词连用形Ⅱ	音便种类	
五段动词	払う	はらい	はらって	以う结尾	促音便（っ）
	持つ				
	入る				
	死ぬ	しに	しんで	以ぬ结尾	拨音便（ん）
	呼ぶ				
	住む				
	掻く	かき	かいて	以く结尾	イ音便（い）
	脱ぐ				
	返す			无	
一段动词	着る	き	きて	无	
	忘れる				
サ变动词	する	し	して	无	
	確認する				
カ变动词	来る	き	きて	无	

2. 请观察以下动词的变化，总结并填写动词ない形的变化规律。

五段动词

吸う⇒吸わない、守る⇒守らない、返す⇒返さない

一段动词

つける⇒つけない、開ける⇒開けない、入れる⇒入れない

サ变动词

する⇒しない

カ变动词

来る⇒来ない

★五段动词的ない形是将基本形词尾的ウ段假名变成该行的＿＿段假名。

★一段动词的ない形将基本形的词尾＿＿去掉即可。

★サ变动词する的ない形为＿＿。

★カ变动词来る的ない形为＿＿。

课后总结

练习1 对照本课的语法要点，填写下表。

语法要点	造句	语法细节
～てください。		
～てくださいませんか。		
～てもいいです。		
～てはいけません。		
～ないでください。		
～なくてもいいです。		
～なければなりません。		
～なくてはいけません。		
～ましょうか。		

练习2　使用本课知识要点，尝试达成以下的交际目标。

  1. 要求或请求对方做某事。注意说话双方的关系。

_____

_____

_____

  2. 询问或说明在图书馆、电影院等公众场合需要注意的事项。

_____

_____

_____

  3. 提议对方与自己一起做某事，或自己为对方做某事。

_____

_____

_____

自我检测

言語知識（文字・語彙）

問題一　次の下線の単語を平仮名で書きなさい。

  1. メールを送るとき、いくつかの注意点があります。　（　　　　）
  2. 問題用紙に答えを書かないでください。（　　　　）
  3. 食べ物は十分あります。（　　　　）
  4. 食後に水を飲みます。（　　　　）
  5. 中国の漢字と日本の漢字は同じですか。（　　　　）
  6. 時間がまだ早いです。（　　　　）
  7. これは部長からいただいたお菓子です。（　　　　）
  8. 意味は分かりますが、書き方は分かりません。（　　　　）
  9. この道には歩行者が多いです。（　　　　）
  10. 先月入会しました。（　　　　）

問題二　次の下線の単語を漢字で書きなさい。

1. ケーキを冷蔵庫に<u>いれ</u>ます。（　　　　　）
2. 温泉に<u>はいる</u>ときの注意点を話します。（　　　　　）
3. すみません、10分ぐらい<u>おく</u>れます。（　　　　　）
4. <u>むり</u>なお願いをしてすみません。（　　　　　）
5. 傘を<u>かし</u>ましょうか。（　　　　　）
6. 図書館の本を明日までに<u>かえ</u>さなければなりません。（　　　　　）
7. 今日は暑いですから、すぐ喉が<u>かわ</u>きます。（　　　　　）
8. <u>おも</u>い荷物を持ちます。（　　　　　）

問題三　＿＿＿＿に何が入りますか。A・B・C・Dから一番適切なものを一つ選びなさい。

1. 外出するときは＿＿＿＿を消してください。
   A　エアコン　　　　B　コンサート　　　C　ハンカチ　　　D　コンビニ
2. ＿＿＿＿をきれいに洗いました。
   A　シャワー　　　　B　タバコ　　　　　C　タオル　　　　D　テニス
3. ＿＿＿＿が悪い人が嫌いです。
   A　ロビー　　　　　B　メーカー　　　　C　タオル　　　　D　マナー
4. 入会するとき＿＿＿＿が必要です。
   A　サッカー　　　　B　サラダ　　　　　C　サイン　　　　D　スイス
5. 週三回＿＿＿＿をします。
   A　トレーニング　　B　ハンバーガー　　C　プレゼント　　D　プログラム
6. ＿＿＿＿でだいたい20分ぐらいで着きます。
   A　タクシー　　　　B　タバコ　　　　　C　タブレット　　D　ネクタイ

問題四　＿＿＿＿に何が入りますか。A・B・C・Dから一番適切なものを一つ選びなさい。

1. 昨日財布を家に忘れました。お弁当を買うとき、友達にお金を＿＿＿＿。
   A　借りました　　　B　返しました　　　C　貸しました　　D　掻きました
2. 銀行はあの男に500万円を＿＿＿＿。
   A　借りました　　　B　返しました　　　C　貸しました　　D　掻きました
3. 漢字の読み方に気を＿＿＿＿ください。
   A　つけて　　　　　B　かけて　　　　　C　つかって　　　D　して
4. 彼は理解が＿＿＿＿くて頭のいい人です。
   A　高　　　　　　　B　優し　　　　　　C　強　　　　　　D　早
5. 「愛理さん、土曜日はゆきさんと一緒にカフェに行きますけど、一緒に行きませんか。」
   「すみません。土曜日はうちの母の誕生日ですから、また＿＿＿＿お願いします。」

   A　この後   B　次   C　今度   D　今後

6．テレビを＿＿＿＿てもいいですか。

   A　つけ   B　開け   C　開い   D　あげ

7．（警察）「身分証明書を＿＿＿＿てください。」

   A　見   B　見せ   C　出   D　開け

8．彼は寝坊しましたから、1時間も＿＿＿＿ましたよ。

   A　急ぎ   B　遅れ   C　遅い   D　違い

9．コーヒーを＿＿＿＿ましょうか。

   A　入れ   B　入り   C　受け   D　つけ

10．もっと自分に自信を＿＿＿＿ください。

   A　あげ   B　もらって   C　待って   D　持って

言語知識（文法）

問題五　＿＿＿＿に適切な仮名を入れなさい。

1．申込書＿＿＿サインしてください。

2．博物館＿＿＿＿写真＿＿＿撮ってもいいですか。

3．宿題＿＿＿＿家＿＿＿忘れました。

4．野菜は体＿＿＿いいです。

5．私はよくアプリ＿＿＿タクシー＿＿＿呼びます。

6．ほかの人＿＿＿＿見せないでください。

7．私＿＿＿教えましょうか。

8．席＿＿＿予約するとき、身分証明書＿＿＿必要です。

9．電車＿＿＿乗るとき、マナー＿＿＿＿守らなければいけません。

10．体＿＿＿気をつけてください。

問題六　例のように次の文を完成させなさい。

1．**例** おいしいから、<u>食べてください</u>。（食べる）

 どうぞ、私の隣に＿＿＿＿＿＿＿＿＿＿。（座る）

 月曜日に宿題を＿＿＿＿＿＿＿＿＿＿。（出す）

2．**例** すみませんが、<u>聞いてくださいませんか</u>。（聞く）

 先生、この字の読み方を＿＿＿＿＿＿＿＿＿＿。（教える）

 部長、会議の資料を＿＿＿＿＿＿＿＿＿＿。（見せる）

3．**例** その電話を<u>使っても</u>いいですか。（使う）

ちょっと寒いです。エアコンを＿＿＿＿＿＿＿＿＿。（つける）

すみません、トイレに＿＿＿＿＿＿＿＿＿。（行く）

4. 例▶ この薬は食前に飲んではいけません。（飲む）

この店ではたばこを＿＿＿＿＿＿＿＿＿。（吸う）

図書館では大きい声で＿＿＿＿＿＿＿＿＿。（話す）

5. 例▶ ほかの人に言わないでください。（言う）

もう遅いですから、一人で＿＿＿＿＿＿＿＿＿。（帰る）

テストのときは、辞書を＿＿＿＿＿＿＿＿＿。（調べる）

6. 例▶ 明日は休みですから、学校に来なくてもいいです。（来る）

家にジュースがまだたくさんありますから、今日は＿＿＿＿＿＿＿＿＿。（買う）

まだ使いますから、＿＿＿＿＿＿＿＿＿。（片づける）

7. 例▶ 運転するときはシートベルトをしなければなりません。（する）

明日の12時までにレポートを＿＿＿＿＿＿＿＿＿。（書く）

室内では靴を＿＿＿＿＿＿＿＿＿。（脱ぐ）

8. 例▶ もう時間がないです。急がなくてはいけません。（急ぐ）

8時の電車ですから、7時半に駅に＿＿＿＿＿＿＿＿＿。（着く）

約束しましたから、＿＿＿＿＿＿＿＿＿。（守る）

9. 例▶ 寒いですね。窓を閉めましょうか。（閉める）

忙しいですね。＿＿＿＿＿＿＿＿＿。（手伝う）

傘を忘れましたか。2本持っているから、＿＿＿＿＿＿＿＿＿。（貸す）

問題七　＿＿＿＿＿に何が入りますか。A・B・C・Dから一番適切なものを一つ選びなさい。

1. これは先生の本ですから、何も＿＿＿＿＿。
   A　書いてください　　　　　　　　　B　書かないでください
   C　書いてもいいです　　　　　　　　D　書いてくださいませんか

2. 「この花には毎日水をやるんですか。」
   「いいえ、毎日＿＿＿＿＿。週一回だけでいいですよ。」
   A　やってもいいです　　　　　　　　B　やらなくてもいいです
   C　やらなければなりません　　　　　D　やらなくてはいけません

3. 先生「試験は8時から始まります。5分前に教室に＿＿＿＿＿。」
   学生「はい、分かりました。」
   A　入ってください　　　　　　　　　B　入れてください
   C　入ってくださいませんか　　　　　C　入れてくだいませんか

4. 「もう7時40分ですよ。行きましょうか。」
   「ここから車で5分で着きますから、そんなに＿＿＿＿＿。」
   A　急がなくてはいけませんよ　　　　B　急いでくださいよ

C　急がなくてもいいですよ　　　　D　急がなければなりませんよ

5.「先生、この文の意味はちょっと分からないです。＿＿＿＿。」

「はい、いいですよ。」

A　説明しましょうか　　　　　　　B　説明してください

C　説明してくださいませんか　　　D　説明してもいいですか

6.「子供は切符を買わなくてもいいですか。」

「いいえ、子供も＿＿＿＿＿。」

A　買かなくてはいけません　　　　B　買かなくてもいいです

C　買わなくてもいいです　　　　　D　買わなくてはいけません

7.「荷物、持ちましょうか。」

「＿＿＿＿＿。」

A　はい、いいですよ　　　　　　　B　いいですか。どうも、すみません

C　はい、いいです　　　　　　　　D　すみません、持ちます

8.「卒業式は着物を＿＿＿＿＿。」

「いいえ、スーツでも大丈夫です。」

A　着なくてもいいですか　　　　　B　着なくてはいけませんか

C　着かなければなりませんか　　　D　着かなくてもいいですか

9.ここは危険です。ここで＿＿＿＿＿。

A　泳がなくてもいいです　　　　　B　泳いではいけません

C　泳がなければなりません　　　　D　泳いでもいいです

10.明日早く＿＿＿＿＿から、お先に失礼します。

A　起きなくてもいいです　　　　　B　起きてはいけません

C　起きてもいいです　　　　　　　D　起きなければなりません

11.「暗いですね。電気を＿＿＿＿＿。」

「はい、お願いします。」

A　つけなくてもいいですか　　　　B　つけなくてはいけませんか

C　つけましょうか　　　　　　　　D　つけませんか

問題八　＿＿★＿＿に入るものはどれですか。A・B・C・Dから一番適切なものを一つ選びなさい。

1.今回の健康診断は＿＿＿＿＿　＿＿＿＿＿　＿＿★＿＿　＿＿＿＿＿。

A　ですから　　　　　　　　　　　B　無料

C　お金を　　　　　　　　　　　　D　払わなくてもいいです

2.大丈夫ですか。＿＿＿＿＿　＿＿＿＿＿　＿＿★＿＿　＿＿＿＿＿。

A　トレーニング　　　　　　　　　B　無理な

C　をしてはいけませんよ　　　　　D　疲れている時に

3. もうすぐ＿＿＿＿ ＿＿＿＿ ★ ＿＿＿＿。
   A 野球の試合 　　　　　　　　　　B 毎日
   C 練習しなければなりません 　　　D がありますから、
4. ここは、禁煙席ですから、＿＿＿＿ ＿＿＿＿ ★ ＿＿＿＿。
   A 吸わない 　　　B を 　　　C たばこ 　　　D でください
5. よく分かりません。＿＿＿＿ ＿＿＿＿ ★ ＿＿＿＿。
   A くださいませんか 　　　　　　　B して
   C 説明 　　　　　　　　　　　　　D もう一度

読解

問題九　次の文を読んで質問に答えなさい。

温泉（おんせん）

　あなたは、温泉に行ったことがありますか。日本の温泉に行きたいですか。日本で温泉に行くとき、どんなことに気をつけなければなりませんか。

　まず、脱衣所で服を脱ぎます。水着を着ないでください。サンダルもはいてはいけません。そして、洗い場で体をきれいに洗いましょう。洗い場には小さい椅子があります。椅子に座って体を洗ってください。でも、湯船に入れないでください。

　湯船に入る前に、長い髪をまとめてください。タオルを湯船に入れてはいけません。湯船から出て、もう一度体を洗ってもいいです。脱衣所に行く前に、体をよく拭いてください。体に悪いですから、食後すぐに温泉に入らないでください。

　温泉の自動販売機の中には牛乳があります。温泉上がりの牛乳はとてもおいしいですよ。ぜひ飲んでみてください。

1. 日本の温泉でしてはいけないことは何ですか。
   A 椅子を湯船に入れます。
   B 二回体を洗います。
   C 温泉に入る前に、体を洗います。
   D 椅子に座って体を洗います。
2. 温泉に入ってはいけないときはどんなときですか。
   A 食後に 　　　B 食後すぐに 　　　C 食前に 　　　D 起きてすぐに
3. 日本の温泉と中国の温泉はどう違いますか。

問題十　次の文を読んで質問に答えなさい。

 電話メモ

田中さんへ

A会社の鈴木部長から電話がありました。

☐　お電話ください。（tel：　）

☐　メールを送ります。確認してください。

☑　メッセージがありました。
　　要件：＿＿＿＿＿＿＿＿＿＿＿＿＿＿＿＿
　　　　　会議は明日の10時に始めてもいいですか。
　　　　　資料3部必要。
　　　　　15時ぐらいにはまた電話します。

1. 電話メモと違うのはどれですか。

　　A　鈴木部長は15時ぐらいに田中さんに電話します。

　　B　資料を持たなくてもいいです。

　　C　鈴木部長は会議の時間を確認します。

　　D　田中さんは15時ぐらいに鈴木部長から電話をいただきます。

2. 15時ぐらいに＿＿＿＿＿＿は＿＿＿＿＿＿に電話します。

3. 鈴木部長は田中さんに何を聞きますか。

＿＿＿＿＿＿＿＿＿＿＿＿＿＿＿＿＿＿＿＿＿＿＿＿＿＿＿＿＿＿＿

問題十一　声を出して読んでみましょう。

　アルバイトや仕事の面接に行くとき、あらかじめ電話あるいはメールで日時を約束しなければなりません。そして、約束時間の5分前に着いてください。もちろん、遅刻することはよくないですが、事故などで遅れる場合、すぐに連絡してください。

　面接の部屋に入るとき、ノックをしてください。面接官は「どうぞ」と言います。その後に部屋に入ってください。その時はこう言います。

　「失礼します。」

　でも、入ってすぐに椅子に座ってはいけません。面接官が「どうぞ、座ってください」と言います。その後に座ってください。そして、あいさつを言います。

　「本日はよろしくお願いいたします。」

　帰るときもお礼を言ってください。

　「本日はありがとうございました。」

翻訳

問題十二　次の文章を日本語に訳しなさい。

　　接下来讲解一下乘坐高铁时的注意事项。
　　请于出发前30分钟到达高铁站，携带好身份证件。不要在车厢内吸烟。身高低于120cm的孩子不需要买票。请务必遵守规定，文明乘车。

1. 日本語訳を書きなさい。

　　_____

　　_____

　　_____

　　_____

2. 中国語の原文だけを見て、声を出して日本語に訳しなさい。（日本語訳を見ないでください。）

問題十三　次の文章を中国語に訳しなさい。

　　図書館の利用方法を説明します。本を借りるときは、「利用カード」が必要です。身分証明書を図書館の人に見せてください。図書館の人が利用カードを作ってくれます[注1]。本を返すときは、期限日までに返却カウンターに返してください。
　　図書館の中で本を読むときには、水を飲んでもいいですが、ほかの飲み物を飲んではいけません。食べ物もだめです。食べ物は休憩室で食べてください。

注1：～てくれます／别人为我做……

1. 中国語訳を書きなさい。

　　_____

　　_____

　　_____

　　_____

　　_____

　　_____

2. 日本語の原文だけを見て、声を出して中国語に訳しなさい。（中国語訳を見ないでください。）

自我评价表

A完成得很好　B完成得一般　C完成得不理想

	练习	练习内容	练习目的	自我评价
课前预习	练习1	汉字标注假名	掌握日语汉字读音	A・B・C
	练习2	听写汉字	掌握日语汉字书写	A・B・C
	练习3	填写外来语	掌握外来语的书写及含义	A・B・C
	练习4	动词连用形Ⅰ、动词连用形Ⅱ、动词ない形	了解动词连用形Ⅰ、动词连用形Ⅱ、动词ない形的变化规律	A・B・C
课后总结	练习1	总结语法要点	巩固本课所学的语法知识	A・B・C
	练习2	使用知识要点达成交际目标	提高知识要点的实际应用能力	A・B・C
自我检测	问题一	汉字标注假名	掌握日语汉字读音	A・B・C
	问题二	假名标注汉字	掌握日语汉字书写	A・B・C
	问题三	外来语选择	掌握外来语的书写及含义	A・B・C
	问题四	词汇选择	掌握词汇的含义及用法	A・B・C
	问题五	助词填空	掌握助词的用法	A・B・C
	问题六	完成句子	掌握句型的接续及用法	A・B・C
	问题七	句子语法1（选择语法项目）	提高语法知识的综合应用能力	A・B・C
	问题八	句子语法2（组合句子）		A・B・C
	问题九	阅读理解	提高分析、理解日语文章的能力	A・B・C
	问题十			A・B・C
	问题十一	日语短文朗读	掌握规范的语音、语调，培养语感	A・B・C
	问题十二	汉译日	巩固所学语法、词汇，提高综合应用能力	A・B・C
	问题十三	日译汉		A・B・C

料理

课前预习

请观看第10课的视频，预习本课单词、句型等相关知识后，在课前完成下列练习。

练习1 请给下列单词标注读音。

1. 台所＿＿＿＿＿＿＿＿＿＿
2. 水餃子＿＿＿＿＿＿＿＿＿＿
3. 醤油＿＿＿＿＿＿＿＿＿＿
4. 地震＿＿＿＿＿＿＿＿＿＿
5. 手＿＿＿＿＿＿＿＿＿＿
6. 風邪＿＿＿＿＿＿＿＿＿＿
7. 交通事故＿＿＿＿＿＿＿＿＿＿
8. 安全＿＿＿＿＿＿＿＿＿＿
9. 練習＿＿＿＿＿＿＿＿＿＿
10. 修理＿＿＿＿＿＿＿＿＿＿
11. 通う＿＿＿＿＿＿＿＿＿＿
12. 先＿＿＿＿＿＿＿＿＿＿
13. 歯＿＿＿＿＿＿＿＿＿＿
14. 苦手＿＿＿＿＿＿＿＿＿＿
15. 味見＿＿＿＿＿＿＿＿＿＿

练习2 请听录音，写汉字。🎧

1. （　　　　）を待ちます
2. （　　　　）を知っています
3. （　　　　）を作ります
4. （　　　　）が分かりません
5. （　　　　）をします
6. ボタンを（　　　　）す
7. お（　　　　）を洗います
8. 私の（　　　　）
9. （　　　　）が終わります
10. （　　　　）を入れます

练习3 请结合括号内的提示写出外来语补全句子，并写出相应的英语单词。

1. ＿＿＿＿＿＿（窗帘）を開けて外を見ます。　　　英语：＿＿＿＿＿＿
2. 昨日は9時に＿＿＿＿＿＿（淋浴）を浴びて寝ました。　　　英语：＿＿＿＿＿＿
3. 彼女は白い＿＿＿＿＿＿（连衣裙）を着ています。　　　英语：＿＿＿＿＿＿

4. 娘は_____（卷心菜）が嫌いです。　　　　　　英语：_____

5. 無理な_____（减肥）をしないでください。　　　英语：_____

6. _____（沙发）で横になっています。　　　　　　英语：_____

练习4　仿照范例填写句子。

例 この部屋は広いです。そして、明るいです。

→この部屋は広くて明るいです。

1. 夫は会社に行きます。そして、息子は学校に行きます。

→_____。

2. このワンピースは白いです。そして、きれいです。

→_____。

例 毎朝シャワーを浴びます。それからご飯を食べます。

→毎朝シャワーを浴びてご飯を食べます。

3. 西安路駅まで地下鉄で行きます。それから、バスに乗ります。

→_____。

4. 袋を開けます。それから、お菓子を入れます。

→_____。

例 これはどうやって食べますか。（切る）

→切って食べます。

5. どうやって漢字を覚えますか。（書く）

→_____。

6. どうやって餃子を作りますか。（具を包む）

→_____。

例 いま何をしていますか。（ソファーで横になる＋テレビを見る）

→ソファーで横になってテレビを見ています。

7. いま何をしていますか。（本を読む＋勉強する）

→_____。

8. いま何をしていますか。（音楽を聞く＋休む）

→_____。

例 昨日は仕事が多いから、大変でした。

→昨日は仕事が多くて、大変でした。

9. 今日は疲れましたから、早く寝ました。

→_____。

10. 道に迷いましたから遅れました。

　→_____。

课后总结

练习1　对照本课的语法要点，填写下表。

语法要点	语法细节
～ています。	①
	②
	③
～てから、～	
～ないで～	
～なくて、～	

练习2　使用本课知识要点，尝试达成以下的交际目标。

1. 描述动作进行的状态。

_____

_____

_____

2. 描述动作发生的先后顺序。

_____

_____

_____

3. 简単介绍喜欢的美食及做法。

_____
_____
_____

自我检测

言語知識（文字・語彙）

問題一　次の下線の単語を平仮名で書きなさい。

1. レモンの皮が苦いです。（　　　　）
2. 英語が苦手です。（　　　　）
3. 次の例を説明します。（　　　　）
4. 具をたくさん入れます。（　　　　）
5. 掃除がとても大変です。（　　　　）
6. 信号が青になりました。（　　　　）
7. 勉強の時間が足りないです。（　　　　）
8. 今少子化が進んでいます。（　　　　）
9. 新しい道を歩きます。（　　　　）
10. 前に立ってください。（　　　　）

問題二　次の下線の単語を漢字で書きなさい。

1. 私は朝ごはんを食べてから歯をみがきます。（　　　　）
2. 毎日20個の単語をおぼえましょう。（　　　　）
3. 家族と相談してから留学をきめました。（　　　　）
4. 私は大連外国語大学にうかりました。（　　　　）
5. 仕事をやめて故郷に帰りました。（　　　　）
6. 強い風で木がたおれました。（　　　　）
7. 手をのばしてください。（　　　　）
8. 塩を入れてまぜます。（　　　　）
9. お湯がわきました。コーヒーを入れましょうか。（　　　　）
10. 具を餃子の皮につつみます。（　　　　）

問題三　＿＿＿に何が入りますか。A・B・C・Dから一番適切なものを一つ選びなさい。

1. 出かけるとき、＿＿＿を閉めてください。
   A　カンテン　　　　B　カーテン　　　　C　カンテー　　　　D　カーテー

2. ＿＿＿していますから、ケーキは食べません。
   A　ダッイエト　　　B　ダイエット　　　C　ダイッエト　　　D　ダイエート

3. ＿＿＿と卵を炒めて食べます。
   A　コーヒー　　　　B　コップ　　　　　C　ロビー　　　　　D　ゴーヤ

4. 彼女はピンクのワンピースを＿＿＿、かわいいかばんを持っています。
   A　着て　　　　　　B　して　　　　　　C　かけて　　　　　D　入れて

5. ＿＿＿を浴びてから、朝ごはんを食べます。
   A　ジュース　　　　B　シャツ　　　　　C　シャワー　　　　D　シーフード

6. ＿＿＿を切って、お湯に入れます。
   A　キャンパス　　　B　ポップス　　　　C　スポーツ　　　　D　キャベツ

7. 子供と一緒に＿＿＿に座ってアニメを見ています。
   A　パソコン　　　　B　ソファー　　　　C　フロア　　　　　D　スマートフォン

8. 彼女は僕と同じ青い＿＿＿を履いていました。
   A　シーズン　　　　B　ジュース　　　　C　スーツ　　　　　D　ジーンズ

問題四　＿＿＿に何が入りますか。A・B・C・Dから一番適切なものを一つ選びなさい。

1. 隣の人がうるさくて＿＿＿。
   A　急ぎます　　　　B　困ります　　　　C　忘れます　　　　D　かけます

2. 子供は成長が早くて＿＿＿背が伸びます。
   A　ぜんぜん　　　　B　いろいろ　　　　C　どんどん　　　　D　だいたい

3. あなただけに＿＿＿教えます。ほかの人に言わないでください。
   A　こっそり　　　　B　あまり　　　　　C　少々　　　　　　D　ずっと

4. 電気を＿＿＿使いましょう。
   A　安全な　　　　　B　安全に　　　　　C　安全の　　　　　D　安全だ

5. もう10時過ぎています。バスに＿＿＿。どうしましょう。
   A　出かけます　　　B　出かけません　　C　間に合います　　D　間に合いません

6. 体調が悪くて、仕事中＿＿＿。
   A　倒れました　　　B　遅れました　　　C　迷いました　　　D　忘れました

7. お腹が＿＿＿でしょう。近くのレストランに行きましょう。
   A　潰れた　　　　　B　渇いた　　　　　C　出た　　　　　　D　空いた

8. 道を渡るとき車に気を＿＿＿。
   A　ついてください　B　つけてください　C　あげてください　D　くれてください

113

9. 私はうるさい人が＿＿＿＿＿です。

  A　苦い　　　　　　B　苦手　　　　　　C　上手　　　　　　D　明るい

10. 写真部は楽しいですよ。＿＿＿＿＿参加してください。

  A　すごく　　　　　B　それでは　　　　C　すこし　　　　　D　ぜひ

11. 先生と相談してから卒業論文のテーマを＿＿＿＿＿。

  A　始めます　　　　B　始まります　　　C　決めます　　　　D　決まります

12. 「これおいしいですよ。味見してください。」

  「＿＿＿＿。」

  A　じゃ、また今度　　　　　　　　B　じゃ、いただきます

  C　そうですね　　　　　　　　　　D　いいですね

言語知識（文法）

問題五　＿＿＿＿＿に適切な仮名を入れなさい。

1. 娘の絵＿＿＿壁＿＿＿貼ります。

2. 大学＿＿＿モンゴル語の授業＿＿＿受けました。

3. 彼はどこの大学＿＿＿　＿＿＿受かりませんでした。

4. お湯＿＿＿沸いてから、紅茶＿＿＿入れました。

5. 日本人は寿司＿＿＿醤油＿＿＿つけて食べます。

6. 家族＿＿＿車＿＿＿乗って出かけます。

7. うちのワンちゃんは地震＿＿＿死にました。

8. 李さんのお母さんは先週から大連＿＿＿来ています。

問題六　例のように次の文を完成させなさい。

> 「ている」を使って、文を完成させなさい。

例▶9時に寝ます。

　いま、寝ています。

　昨日寝ました。

1. 明日の7時にご飯を食べます。

　いま、ご飯を＿＿＿＿＿＿＿＿＿＿。

　さっきご飯を食べました。

2. 3時に会議が始まります。

　会議が始まりました。

　いま、会議が＿＿＿＿＿＿＿＿＿＿。

3. 猫が死にます。

猫が死にました。

いま、猫が＿＿＿＿＿＿＿＿＿＿＿＿。

4. 大学で働きます。

いま大学で＿＿＿＿＿＿＿＿＿＿＿＿。

大学で働きました。

「てから」を使って、文を完成させなさい。

例 シャワーを浴びてから寝ます。（浴びる）

5. 手を＿＿＿＿＿＿＿＿＿＿＿＿、ご飯を食べましょう。（洗う）

6. お金を＿＿＿＿＿＿＿＿＿＿＿＿、ボタンを押します。（入れる）

7. 靴を＿＿＿＿＿＿＿＿＿＿＿＿、入りましょう。（脱ぐ）

「ないで」を使って、文を完成させなさい。

例 家族に言わないで出かけました。（言う）

8. 昨日は疲れすぎて、電気を＿＿＿＿＿＿＿＿＿＿＿＿寝ました。（消す）

9. 本を＿＿＿＿＿＿＿＿＿＿＿＿図書館に返しました。（読む）

10. 明日は試験ですから、今晩は＿＿＿＿＿＿＿＿＿＿＿＿勉強します。（寝る）

「なくて」を使って、文を完成させなさい。

例 道が分からなくて、困りました。（分かる）

11. 兄弟が＿＿＿＿＿＿＿＿＿＿＿＿寂しいです。（いる）

12. 寝る時間が＿＿＿＿＿＿＿＿＿＿＿＿、元気がないです。（足りる）

13. ここに椅子が＿＿＿＿＿＿＿＿＿＿＿＿、立ってご飯を食べました。（ある）

問題七　＿＿＿＿＿に何が入りますか。Ａ・Ｂ・Ｃ・Ｄから一番適切なものを一つ選びなさい。

1. スイカをひとくちサイズに＿＿＿＿＿食べます。

Ａ 切て　　　　　　Ｂ 切って　　　　　　Ｃ 切なくて　　　　Ｄ 切らなくて

2. 「毎日どうやって会社に行きますか。」

「会社は家から近いので、＿＿＿＿＿行きます。」

Ａ 歩って　　　　　Ｂ 歩いて　　　　　　Ｃ 歩かて　　　　　Ｄ 歩して

3. 「お母さんは何をしていますか。」

「お母さんはテレビを＿＿＿＿＿ています。」

Ａ 見っ　　　　　　Ｂ 見い　　　　　　　Ｃ 見　　　　　　　Ｄ 見ん

4. 「小林さんはいま何をしていますか。」

115

「コンピューターの会社で_____。」

   A　働きます　　　　B　働いています　　C　働きています　　D　働います

5. 小林さんは海外で家族と一緒に_____。

   A　住んています　　B　住んでいます　　C　住いています　　D　住いでいます

6. 今月の給料が_____、悲しいです。

   A　少なくなくて　　B　少ないて　　　　C　少なくで　　　　D　少なくて

7. 「田中さんは独身ですか。」

   「いいえ、田中さんは_____。奥さんは大学の先生です。」

   A　結婚しています　B　結婚します　　　C　結婚していません　D　結婚しません

8. 「鈴木さんの電話番号は知っていますか。」

   「いいえ、_____。」

   A　知っていません　B　知りません　　　C　知っています　　D　知ります

9. うちの子が風邪で熱が出たから、昨日_____で子供の世話をしました。

   A　寝　　　　　　　B　寝らない　　　　C　寝い　　　　　　D　寝ない

10. 「李さんは来ましたか。」

   「いええ、まだ_____。電話してみます。」

   A　来ています　　　B　来ませんでした　C　来ました　　　　D　来ていません

11. 「お母さん、明日の朝友達と遊園地に行ってもいい?」

   「だめだよ。宿題を_____行きなさい。」

   A　書いてから　　　B　書かないで　　　C　書かなくて　　　D　書ってから

12. 試験ですから、辞書を_____、書いてください。

   A　調べて　　　　　B　調べないで　　　C　調べなくて　　　D　調べてから

13. 「まだ帰らないですか。」

   「はい、メールを_____帰ります。」

   A　送ってから　　　B　送らないで　　　C　送ってないで　　D　送るから

14. 坂本さんは、東日本大震災のとき人たちを音楽_____応援していました。

   A　で　　　　　　　B　に　　　　　　　C　へ　　　　　　　D　を

15. 私は韓国人_____、中国人です。

   A　がないで　　　　B　じゃないで　　　C　がなくて　　　　D　じゃなくて

問題八　____★____に入るものはどれですか。A・B・C・Dから一番適切なものを一つ選びなさい。

1. 滋賀県に_____　_____　__★__　_____が生まれました。

   A　体が白くて　　　B　黒い　　　　　　C　顔が　　　　　　D　羊の赤ちゃん

2. 朝は_____　_____　__★__　_____。

   A　出かけました　　B　顔を　　　　　　C　時間がなくて　　D　洗わないで

3. ヘルメット＿＿＿ ＿＿＿ ★ ＿＿＿してはいけません。

    A 運転   B を   C 被らない   D で

4. おばあちゃんは＿＿＿ ＿＿＿ ★ ＿＿＿。

    A メガネを   B かけて   C 新聞を   D 読んでいます

5. 今年の＿＿＿ ＿＿＿ ★ ＿＿＿。

    A 暖かくて   B 春は   C 桜   D もう咲いています

読解

問題九　次の文を読んで質問に答えなさい。

休みの日

　休みの日によく友達と海に行って海岸でバーベキューをします。海岸ではバーベキューをしてもいい場所と、してはいけない場所がありますから、みんな同じ所でバーベキューをしています。とても賑やかです。

　私はお肉とケーキを持って行って、友達は野菜と果物を持って行きました。私はお肉と野菜を焼いて、友達は果物を使ってドリンクを作りました。食べ物も飲み物もおいしかったです。食事は午後の5時ぐらいに終わって帰りました。とても楽しい一日でしたが、果物を洗わないで食べたから、お腹が痛くなりました。

1. どこでバーベキューをしましたか。

    A 海岸のバーベキューをしてもいい場所

    B 海岸のバーベキューをしてはいけない場所

    C 海岸のいい場所

    D みんながいる場所

2. どれが友達がしたことですか。

    A お肉と野菜を持っていくこと

    B ケーキと果物を持っていくこと

    C お肉と野菜を焼くこと

    D ドリンクを作ること

3. 「私」はどうしてお腹が痛くなりましたか。

問題十　次の文を読んで質問に答えなさい。

焼きおにぎりのお店

　ここは京都の嵐山にある焼きおにぎりのお店です。私はここでアルバイトをしています。食

べ物を作りますから、清潔さを大切にしています。みんな白い服を着ています。髪を帽子の中に入れます。手を洗うとき、時計を見て、30秒以上洗わなくてはいけません。毎日、お店が終わってから掃除をしなくてはいけません。

「松茸味噌」の焼きおにぎりは一番人気があります。一日200個も作っています。おにぎりに京都産の醤油を塗って焼きます。そのあと、味噌で味をつけた松茸をおにぎりの上に載せて^{注1}もうすこし焼きます。熱いですから、食べるときは気をつけてください。私はコンビニの冷たいおにぎりより、このお店の焼きおにぎりが好きです。

値段は1個380円でちょっと高いですが、香ばしくて^{注2}おいしいですから、ぜひ食べに来てください。

注1：載せる／搁，放

注2：香ばしい／食物微微烤焦后香喷喷的味道

1. 食べ物のお店では何に気を付けなければならないですか。
   A　手を洗うこと
   B　時間を守ること
   C　清潔にすること
   D　白い服を着ること
2. 「私」が好きなのはどれですか。
   A　コンビニのおにぎり
   B　松茸味噌のおにぎり
   C　冷たいおにぎり
   D　焼きおにぎり
3. 松茸味噌の焼きおにぎりはどうやって作りますか。

_____

問題十一　声を出して読んでみましょう。

鴨川は京都にある有名な川です。京都の人はみんなこの町をよく知っています。夜の鴨川はとてもきれいです。桜が咲いています。たくさんの人が水辺で散歩しています。男の人はギターを弾いています。女の人は歌を歌っています。観光客は橋の上で写真をとっています。川床^{注1}にはレストランがいっぱいあります。お客さんたちは食事をしながら^{注2}川の景色を見ています。

注1：川床／河床

注2：～ながら／一边……一边……

翻訳

問題十二　次の文章を日本語に訳しなさい。

　　今天是星期六，现在是早上8点。外面下着雨，所以我们今天不准备出门。妈妈现在在洗衣服，爸爸在清扫地板^{注1}，我在整理^{注2}自己的房间。我们打扫结束一起准备午饭。

　　已经11点了，我们结束了扫除。今天的午饭吃饺子。妈妈正在准备饺子馅。她将菜、肉、调料放在一起搅拌。爸爸在擀皮。准备好以后我们一起包饺子。

　　饺子真是太好吃了。我们都吃了很多。

注1：地板／床

注2：整理／片付ける

1. 日本語訳を書きなさい。

_____
_____
_____
_____
_____

2. 中国語の原文だけを見て、声を出して日本語に訳しなさい。（日本語訳を見ないでください。）

問題十三　次の文章を中国語に訳しなさい。

　　私は田中恵理子です。京都に住んでいます。家族は三人です。夫と息子と私です。夫の仕事はエンジニアです。コンピューターの会社で働いています。息子は4歳です。幼稚園に通っています。私は専業主婦をしています。毎朝起きて、歯を磨いて、顔を洗ってから、家族の朝ごはんを作ります。息子の幼稚園にはスクールバスがあるので^{注1}、息子はスクールバスに乗って幼稚園に行きます。夫は車で会社に行きます。私は家で家事をします。

注1：ので／因为……

1. 中国語訳を書きなさい。

_____
_____
_____
_____
_____

2. 日本語の原文だけを見て、声を出して中国語に訳しなさい。（中国語訳を見ないでください。）

自我评价表

A完成得很好　B完成得一般　C完成得不理想

	练习	练习内容	练习目的	自我评价
课前预习	练习1	汉字标注假名	掌握日语汉字读音	A・B・C
	练习2	听写汉字	掌握日语汉字书写	A・B・C
	练习3	填写外来语	掌握外来语的书写及含义	A・B・C
	练习4	完成句子	了解句型的接续及用法	A・B・C
课后总结	练习1	总结语法要点	巩固本课所学的语法知识	A・B・C
	练习2	使用知识要点达成交际目标	提高知识要点的实际应用能力	A・B・C
自我检测	问题一	汉字标注假名	掌握日语汉字读音	A・B・C
	问题二	假名标注汉字	掌握日语汉字书写	A・B・C
	问题三	外来语选择	掌握外来语的书写及含义	A・B・C
	问题四	词汇选择	掌握词汇的含义及用法	A・B・C
	问题五	助词填空	掌握助词的用法	A・B・C
	问题六	完成句子	掌握句型的接续及用法	A・B・C
	问题七	句子语法1（选择语法项目）	提高语法知识的综合应用能力	A・B・C
	问题八	句子语法2（组合句子）		A・B・C
	问题九	阅读理解	提高分析、理解日语文章的能力	A・B・C
	问题十			A・B・C
	问题十一	日语短文朗读	掌握规范的语音、语调，培养语感	A・B・C
	问题十二	汉译日	巩固所学语法、词汇，提高综合应用能力	A・B・C
	问题十三	日译汉		A・B・C

第11課

着物

请观看第11课的视频，预习本课单词、句型等相关知识后，在课前完成下列练习。

练习1　请给下列单词标注读音。

1. 結婚式＿＿＿＿＿＿＿＿＿＿＿＿＿　　2. 相手＿＿＿＿＿＿＿＿＿＿＿＿＿＿

3. 民族衣装＿＿＿＿＿＿＿＿＿＿＿＿　　4. 緊張＿＿＿＿＿＿＿＿＿＿＿＿＿＿

5. 葬式＿＿＿＿＿＿＿＿＿＿＿＿＿＿　　6. 半年＿＿＿＿＿＿＿＿＿＿＿＿＿＿

7. 退院＿＿＿＿＿＿＿＿＿＿＿＿＿＿　　8. 上がる＿＿＿＿＿＿＿＿＿＿＿＿＿

9. 経済学＿＿＿＿＿＿＿＿＿＿＿＿＿　　10. 学ぶ＿＿＿＿＿＿＿＿＿＿＿＿＿＿

11. 気に入る＿＿＿＿＿＿＿＿＿＿＿　　12. 発表＿＿＿＿＿＿＿＿＿＿＿＿＿＿

13. 恋人＿＿＿＿＿＿＿＿＿＿＿＿＿　　14. 遅刻する＿＿＿＿＿＿＿＿＿＿＿

15. 朝寝坊＿＿＿＿＿＿＿＿＿＿＿＿＿

练习2　请听录音，写汉字。

1. （　　　　）がある　　　　　　　　2. （　　　　）がない

3. 着物を（　　　　）する　　　　　　4. 茶道の（　　　　）

5. （　　　　）な機会　　　　　　　　6. 友達に（　　　　）む

7. 景色を（　　　　）する　　　　　　8. 魚を（　　　　）る

9. （　　　　）が悪い　　　　　　　　10. 東京に（　　　　）む

11. （　　　　）で送る　　　　　　　　12. 北京で（　　　　）らす

13. 交通事故に（　　　　）う　　　　　14. ホテルに（　　　　）まる

15. 駅前の（　　　　）

练习3　请结合括号内的提示写出外来语补全句子，并写出相应的英语单词。

1. あしたチーパオの＿＿＿＿＿＿（表演）があります。　　英语：＿＿＿＿＿＿＿＿
2. ＿＿＿＿＿＿（旗袍）は中国の伝統的な民族衣装です。　　英语：＿＿＿＿＿＿＿＿
3. これはとてもいい＿＿＿＿＿＿（机会）です。　　英语：＿＿＿＿＿＿＿＿
4. ＿＿＿＿＿＿（电梯）はとても便利です。　　英语：＿＿＿＿＿＿＿＿
5. 発表の＿＿＿＿＿＿（打印的资料）を持ってきてください。　　英语：＿＿＿＿＿＿＿＿
6. 王さんは＿＿＿＿＿＿（班级）で一番背が高いです。　　英语：＿＿＿＿＿＿＿＿
7. 田中さんは＿＿＿＿＿＿（滑雪）が好きです。　　英语：＿＿＿＿＿＿＿＿
8. 土曜日に彼女と＿＿＿＿＿＿（约会）します。　　英语：＿＿＿＿＿＿＿＿
9. これは＿＿＿＿＿＿（直升飞机）から撮った写真です。　　英语：＿＿＿＿＿＿＿＿
10. ＿＿＿＿＿＿（动画片）が好きな若者がたくさんいます。　　英语：＿＿＿＿＿＿＿＿

练习4　预习动词连体形的相关知识，写出下列动词的连体形。

| 分类 | 词例 | 非过去 | | 过去 | |
		肯定	否定	肯定	否定
动词	行く	行く	行かない	行った	行かなかった
	寝る				
	遭う				
	踊る				
	頼む				
	吹く				
	学ぶ				
	暮らす				
	出る				
	迎える				
	体験する				
	出席する				
	来る				

课后总结

练习1　对照本课的语法要点，填写下表。

语法要点	造句	语法细节
～たことがあります。		
～たり～たりします（です）。		
～たほうがいいです。		
～でしょ？		
～ん（の）です。		
～ていました。		
～ので、～		
動詞連体形		
～だけ		
～というのは／とは～のことです。		

练习2　使用本课知识要点，尝试达成以下的交际目标。

1. 谈论自己的某种经历。

例 私は東京へ行ったことがあります。

（以下可结合个人情况进一步细化）

2. 讨论穿着打扮。

　　例 「着物は日本の伝統的な民族衣装ですね。」

　　　　「そうですね。とてもきれいですね。着物を着たことがありますか。」

（以下可结合个人情况进一步细化）

3. 给出建议并说明理由。

　　例 「明日、日本語の授業で発表があります。」

　　　　「じゃあ、いろいろ準備が必要なので、早く教室に行ったほうがいいですよ。」

（以下可结合个人情况进一步细化）

自我检测

言語知識（文字・語彙）

問題一　次の下線の単語を平仮名で書きなさい。

1. ここは着物の着付教室です。（　　　　）
2. これはとても珍しい経験です。（　　　　）
3. 旅行が楽しみです。（　　　　）
4. 友達に部屋の掃除を頼みました。（　　　　）
5. このごろ、雨が降ったり、風が吹いたりします。（　　　　）
6. お土産は宅配便で送ります。（　　　　）
7. 笑顔でお客さんを迎えてください。（　　　　）
8. 「学割」とは学生割引のことです。（　　　　）
9. 胃の調子がよくないので、仕事を休みました。（　　　　）
10. 朝寝坊したので、授業に遅刻しました。（　　　　）

問題二　次の下線の単語を漢字で書きなさい。

1. 来週の金曜日は<u>こうぎ</u>がありません。（　　　　　）
2. 王さんは<u>おどる</u>のが好きです。（　　　　　）
3. 試験の時、たいへん<u>きんちょう</u>していました。（　　　　　）
4. 日本では、お<u>そうしき</u>の時、着物を着る習慣があります。（　　　　　）
5. 山田さんは大学で<u>けいざいがく</u>を学んでいます。（　　　　　）
6. <u>くうき</u>が悪いので、窓を開けました。（　　　　　）
7. 一緒に<u>こうえんかい</u>を聞きに行きませんか。（　　　　　）
8. <u>ゆうえんち</u>は駅の近くにあります。（　　　　　）
9. 三連休の時、高速道路は<u>じゅうたい</u>でした。（　　　　　）
10. 北海道の自然を<u>まんきつ</u>してください。（　　　　　）

問題三　＿＿＿＿に何が入りますか。A・B・C・Dから一番適切なものを一つ選びなさい。

1. このコンサートは演歌を知るいい＿＿＿＿です。
　　A　アルバイト　　　B　チャンス　　　　C　キャンパス　　　D　チケット
2. ＿＿＿＿で行きましょう。階段より早いです。
　　A　コンビニ　　　　B　レストラン　　　C　エンジニア　　　D　エレベーター
3. 今週末の彼女との＿＿＿＿が楽しみです。
　　A　デパート　　　　B　デート　　　　　C　カレンダー　　　D　デザイン
4. 王さんはよく＿＿＿＿の練習をしています。
　　A　ラジオ　　　　　B　ヘリコプター　　C　スキー　　　　　D　ネクタイ
5. 発表の＿＿＿＿を忘れないでください。
　　A　パーティー　　　B　スポーツ　　　　C　プレゼント　　　D　プリント

問題四　＿＿＿＿に何が入りますか。A・B・C・Dから一番適切なものを一つ選びなさい。

1. 「明日、林さんも行きますか。」
　　「＿＿＿＿行きますよ。」
　　A　もっと　　　　　B　もちろん　　　　C　とても　　　　　D　たいへん
2. 「＿＿＿＿会議に遅れたんですか。」
　　「交通事故に遭ったんです。」
　　A　どう　　　　　　B　どうして　　　　C　どうした　　　　D　どうしても
3. すみません。明日の9時、＿＿＿＿はいかがですか。話がありますが。
　　A　調子　　　　　　B　体調　　　　　　C　都合　　　　　　D　具合
4. うちの子は勉強はよくできます。＿＿＿＿、スポーツは全然だめです。
　　A　だから　　　　　B　また　　　　　　C　しかし　　　　　D　そして

5. このスカートが_____に入りましたね。買いましょう。

    A 耳　　　　　　B 気　　　　　　C 手　　　　　　D 頭

6. もう5時ですか。_____帰りましょう。

    A ぜんぜん　　　B だいたい　　　C どんどん　　　D そろそろ

7. _____は忙しくて、ジムに行く暇はありません。

    A どのごろ　　　B このごろ　　　C こんなに　　　D どんなに

8. 田中さんはバドミントンが好きです。_____、卓球も好きです。

    A まだ　　　　　B また　　　　　C まで　　　　　D まず

9. 王さんは毎日電車で学校に_____。

    A 通ります　　　B 通りています　C 通いています　D 通っています

10. 今日は遊んでもいいんですけど、明日は_____勉強してください。

    A すごく　　　　B だいだい　　　C ちゃんと　　　D あまり

問題五　_____の文とだいたい同じ意味の文があります。A・B・C・Dから一番適切なものを一つ選びなさい。

1. 夏休みが楽しみです。

    A 夏休みが楽です。

    B 夏休みが楽しいです。

    C 夏休みを楽しんでいます。

    D 夏休みを楽しみにしています。

2. 今、大連で生活しています。

    A 今、大連に住んでいます。

    B 今、大連で働いています。

    C 今、大連で暮らしています。

    D 今、大連で勉強しています。

3. この仕事を同僚の李さんに頼みました。

    A この仕事を同僚の李さんに教えました。

    B この仕事を同僚の李さんに話しました。

    C この仕事を同僚の李さんに説明しました。

    D この仕事を同僚の李さんにお願いしました。

4. 大学生活を満喫しています。

    A 大学の生活はとても豊かです。

    B よく大学の食堂で食べてください。

    C 大学の生活を十分に楽しんでいます。

    D 大学の食堂の食べ物はとてもおいしいです。

5. このスカートはデザインがよくて、とても気に入っています。

    A　このスカートはデザインがよくて、とても好きです。

    B　このスカートはデザインがよくて、とてもきれいです。

    C　このスカートはデザインがよくて、とても気にしています。

    D　このスカートはデザインがよくて、とても気になっています。

言語知識（文法）

問題六　　_____に適切な仮名を入れなさい。

1. 田中さんは着付け____上手なので、彼女____着付け____頼みました。

2. すみません____、図書館はどこですか。

3. 昨日、田中さんはコンビニ____昼ご飯を買い____行きました.

4. 誕生日の時、母____　____腕時計をもらいました。

5. 明日の9時____1号室____会議____あります。

6. 小説____よく読みます____、新聞____ほとんど読みません。

7. 朝ご飯はよくパン____果物などを食べます。

8. ここはうるさいので、どこ____ほかの店へ行きましょう。

9. 富士山は日本____一番有名な山です。

問題七　　（　　）の単語を適当な形にして、_____に書きなさい。

1. 王さんは音楽が大好きなので、明日、きっとコンサートに_____でしょう。（行く）

2. このレストランはいつも人でいっぱいなので、_____でしょう。（おいしい）

3. この辺りは昔_____でしょう。（海）

4. 鈴木先生はいつも_____でしょ？（親切だ）

5. 「ねえ、冷蔵庫にある私のビールを_____でしょ？」（飲む）

    「いや、知りませんよ。」

6. 「あのう、さっきの方、_____でしょ？」（先生）

    「いや、先生ですよ。」

問題八　　「～たほうがいいですよ」を使って、文を完成させなさい。

1. 「行ってきます。あ、外は雨が降っているんです。」

    「そうですか。_____。」

2. 「頭が痛いんです。」

    「じゃあ、_____。」

3. 「来週、試験があるんです。」

「そうですか。＿＿＿＿＿＿＿＿＿＿。」

4. 「風邪を引いたんです。」

「じゃあ、＿＿＿＿＿＿＿＿＿＿。」

5. 「この辺は危ないんです。」

「そうですか。＿＿＿＿＿＿＿＿＿＿。」

6. 「のどが痛いんです。」

「じゃあ、＿＿＿＿＿＿＿＿＿＿。」

問題九 ＿＿＿に何が入りますか。Ａ・Ｂ・Ｃ・Ｄから一番適切なものを一つ選びなさい。

1. 上海にはまだ行ったこと＿＿＿＿ありません。

    A に   B を   C で   D は

2. お酒をたくさん飲まないほう＿＿＿＿いいですよ。

    A は   B に   C が   D の

3. みんなはこのことに賛成＿＿＿＿、反対＿＿＿＿で、意見は一致していません。

    A たり たり   B ったり ったり

    C かったり かったり   D だったり だったり

4. 空が暗くなりました。これから、たぶん雨が＿＿＿＿でしょう。

    A 降る   B 降って   C 降った   D 降らない

5. あしたは休みな＿＿＿＿、友達と遊園地に行きます。

    A で   B から   C ので   D でも

6. 「王さん、お寿司を＿＿＿＿か。」

「はい、一度だけ。うまくできませんでした。」

    A 作るでしょう   B 作るんです

    C 作ることがあります   D 作ったことがあります

7. 東大＿＿＿＿東京大学のことです。

    A と   B という   C というのは   D といいます

8. 小さい時、よく兄とこの川で＿＿＿＿。

    A 泳ぎます   B 泳ぎません   C 泳いでいます   D 泳いでいました

9. このごろは＿＿＿＿たり、＿＿＿＿たりで、気温の変化がとても激しいです。

    A 寒い／暑い   B 寒かった／暑かった

    C 寒くない／暑くない   D 寒かっ／暑かっ

10. 肉だけではなく、野菜も＿＿＿＿ほうがいいですよ。

    A 食べて   B 食べた   C 食べる   D 食べない

11. 「部屋を全部掃除しなければなりませんか。」

    「いいえ、101号室と102号室＿＿＿＿掃除してください。」

      A　だけ　　　　　　B　しか　　　　　　　C　ごろ　　　　　　D　のも

12. すてきなかばんですね。どこで_____んですか。

      A　買う　　　　　　B　買い　　　　　　　C　買った　　　　　D　買って

13. あの黒いコートを_____人は田中さんのお母さんです。

      A　着る　　　　　　B　着ない　　　　　　C　着ている　　　　D　着なかった

14. 日本人は家に_____時、「ただいま」と言います。

      A　帰る　　　　　　B　帰らない　　　　　C　帰った　　　　　D　帰らなかった

15. この公園は静かで_____ので、よく友達と散歩に行きます。

      A　きれい　　　　　B　きれいで　　　　　C　きれいだ　　　　D　きれいな

問題十　___★___に入るものはどれですか。A・B・C・Dから一番適切なものを一つ選びなさい。

1. この_____　_____　___★___　_____読んでください。

      A　ので　　　　　　B　おもしろい　　　C　小説は　　　　　D　とても

2. 私は_____　_____　___★___　_____ありません。

      A　時間に　　　　　B　ことは　　　　　　C　約束の　　　　　D　おくれた

3. 田中さんは_____　_____　___★___　_____でしょ？

      A　好き　　　　　　B　さっきの　　　　　C　が　　　　　　　D　スカート

4. 今日は雨だから、_____　_____　___★___　_____。

      A　ほうが　　　　　B　ない　　　　　　　C　でかけ　　　　　D　いいですよ

5. ここは_____　_____　___★___　_____のです。

      A　静か　　　　　　B　昔　　　　　　　　C　だった　　　　　D　とても

読解

問題十一　次の文を読んで質問に答えなさい。

　田舎に住んだことがありますか。小さい時、田舎に住んでいました。学校が遠くて、歩いて40分かかって、大変でしたが、学校から帰る時によく友達と一緒に遊びました。野原を走ったり、川で泳いだり、魚を捕ったりしました。時々、家に遅く帰ったので、母はよく怒っていましたが、あのころはとても楽しかったです。

　今は大きな町に住んでいて、会社で働いています。野原や川はなくて、高いビルが多くて、24時間営業のコンビニなどのお店がたくさんあります。また、交通もとても便利で、電車やバスが来るのが早いので、一度間に合わなくても10分以内に次が来ます。でも、どこへ行っても人が多くて、週末に公園やデパートに行くのも嫌になります。そして、家賃が高くて、部屋が狭

いです。田舎と比べて自然が少ないです。時々また田舎に戻って、野原や川で遊びたいと思います。

1. 小さい時、よく友達と一緒に何をしていましたか。

   _____

2. どうして母はよく怒っていたのですか。

   _____

3. 今住んでいる町は交通が便利ですか。

   _____

4. 今住んでいる町の良くないところは何ですか。

   _____

問題十二　次の文を読んで質問に答えなさい。答えはA・B・C・Dから一番適切なものを一つ選びなさい。

　日本人は桜の花が大好きですから、毎年春にはよく花見に行きます。日本に留学している時、ゼミの皆さんと一緒に一度お花見に行ったことがあります。何種類もの桜が咲いていて、とてもきれいでした。花見だから、桜の花を見るだけだと思っていましたが、行ってみたら、桜の花を見る人はもちろんたくさんいますが、花の下に集まって楽しく（　　　）（　　　）している人もとても多かったです。私は桜の木の下でゼミの皆さんと一緒に写真を撮ったり、話をしたりしていました。その時、ゼミの田中さんが「お寿司を食べませんか」と言ったので、もらっておいしくいただきました。きれいな花を見るだけではなく、日本の文化も少し分かりました。本当に楽しい一日でした。これからまた日本に行った時、必ず花見に行こうと思います。

1. （　　　）の中にいちばんよいものを入れなさい。
   A　飲むと／食べると
   B　飲んで／食べて
   C　飲んだり／食べたり
   D　飲むので／食べるので

2. 「お寿司を食べませんか」はここでどんな意味ですか。
   A　お寿司をどうも。
   B　お寿司をどうぞ。
   C　お寿司を食べません。
   D　お寿司はありません。

3. この文章について、正しくないのはどれですか。
   A　桜の花はとてもきれいでした。
   B　花見は日本文化の体験ではありません。
   C　私はゼミの皆さんと一緒に写真を撮りました。

D　花見と言いますが、花を見るだけではありません。

問題十三　声を出して読んでみましょう。

　「着物」は本来、着るもの、つまり、衣服という意味ですが、現在は「日本の伝統的な衣服」という意味で使われています。着物が生まれたのは平安時代だと言われていますが、現在では、日常生活の中で着物を着ることは少なくなりました。結婚式やお葬式、大学の卒業式などでの正装として着られるようになったり、お茶やお花の席で、または夏のお祭りや七夕などの機会に、着物を身につける習慣が残りました。

　皆さんは着物を着たことがありますか。私は学園祭の時、着物を着て踊ったことがあります。学園祭では、みんな模擬店を出したり、ショーをやったりしていたのです。私は「きっと楽しいだろう」と思って、参加しました。初めて着物を着たので、着付けがうまくできませんでした。その時、友達の王さんが「田中さんに頼んだほうがいいよ」とアドバイスをしてくれました。きれいな着物を着て踊るのは、とても楽しかったです。これからは自分で着物を着るようになりたいと思います。

翻訳

問題十四　次の文章を日本語に訳しなさい。

　我曾经在一家日本餐馆打过一年工。我的工作是洗筷子、刷盘子、给客人点菜等。一开始由于日语不好，我经常拜托朋友山下帮忙。并且，我拼命地学习日语。现在，日本客人经常说"小王的日语好好呀"。我听了特别高兴。今后我也会努力的。

1. 日本語訳を書きなさい。

_____

_____

_____

_____

2. 中国語の原文だけを見て、声を出して日本語に訳しなさい。（日本語訳を見ないでください。）

問題十五　次の文章を中国語に訳しなさい。

　先週の日曜日に、友達の田中さんと一緒に市内へ行きました。デパートで買い物をしたり、テーマパークで遊んだりしました。寮に帰った時、ルームメートの李さんが「楽しかったでしょ？」と聞きました。私は「ええ、テーマパークが一番楽しかったんです」と答えました。本当

に楽しい一日でした。また遊びに行きます。

1. 中国語訳を書きなさい。

_____

_____

_____

_____

2. 日本語の原文だけを見て、声を出して中国語に訳しなさい。（中国語訳を見ないでください。）

自我评价表

A完成得很好　B完成得一般　C完成得不理想

	练习	练习内容	练习目的	自我评价
课前预习	练习1	汉字标注假名	掌握日语汉字读音	A・B・C
	练习2	听写汉字	掌握日语汉字书写	A・B・C
	练习3	填写外来语	掌握外来语的书写及含义	A・B・C
	练习4	动词连体形	了解动词连体形的接续方法	A・B・C
课后总结	练习1	总结语法要点	巩固本课所学的语法知识	A・B・C
	练习2	使用知识要点达成交际目标	提高知识要点的实际应用能力	A・B・C
自我检测	问题一	汉字标注假名	掌握日语汉字读音	A・B・C
	问题二	假名标注汉字	掌握日语汉字书写	A・B・C
	问题三	外来语选择	掌握外来语的书写及含义	A・B・C
	问题四	词汇选择	掌握词汇的含义及用法	A・B・C
	问题五	同义句选择	掌握近义词汇及表达	A・B・C
	问题六	助词填空	掌握助词的用法	A・B・C
	问题七	完成句子	掌握句型的接续及用法	A・B・C
	问题八			A・B・C
	问题九	句子语法1（选择语法项目）	提高语法知识的综合应用能力	A・B・C
	问题十	句子语法2（组合句子）		A・B・C
	问题十一	阅读理解	提高分析、理解日语文章的能力	A・B・C
	问题十二			A・B・C
	问题十三	日语短文朗读	掌握规范的语音、语调，培养语感	A・B・C
	问题十四	汉译日	巩固所学语法、词汇，提高综合应用能力	A・B・C
	问题十五	日译汉		A・B・C

第12課

計画

课前预习

请观看第12课的视频，预习本课单词、句型等相关知识后，在课前完成下列练习。

练习1　请给下列单词标注读音。

1. 続ける＿＿＿＿＿＿＿＿＿＿
2. 関係＿＿＿＿＿＿＿＿＿＿＿
3. 経つ＿＿＿＿＿＿＿＿＿＿＿
4. 資格＿＿＿＿＿＿＿＿＿＿＿
5. 努力＿＿＿＿＿＿＿＿＿＿＿
6. 冷たい＿＿＿＿＿＿＿＿＿＿
7. 問題＿＿＿＿＿＿＿＿＿＿＿
8. 喉＿＿＿＿＿＿＿＿＿＿＿＿
9. 手料理＿＿＿＿＿＿＿＿＿＿
10. 失敗＿＿＿＿＿＿＿＿＿＿＿
11. 将来＿＿＿＿＿＿＿＿＿＿＿
12. 要る＿＿＿＿＿＿＿＿＿＿＿
13. 腕時計＿＿＿＿＿＿＿＿＿＿
14. 相談＿＿＿＿＿＿＿＿＿＿＿
15. 言葉＿＿＿＿＿＿＿＿＿＿＿

练习2　请听录音，写汉字。

1. 海外旅行の（　　　　）
2. 中国語の（　　　　）
3. 日本語の勉強を（　　　　）る
4. 喉が（　　　　）く
5. （　　　　）と反対
6. アドバイスを（　　　　）める
7. （　　　　）に立つ
8. 本屋に（　　　　）る
9. 会社で（　　　　）く
10. （　　　　）になる
11. ピアノを（　　　　）く
12. 今朝の（　　　　）
13. 日系企業の（　　　　）
14. （　　　　）に勉強する
15. ここの大学を（　　　　）ぶ

练习3 请结合括号内的提示写出外来语补全句子，并写出相应的英语单词。

1. かわいい＿＿＿＿＿＿（裙子）ですね。　　　　　　　　　英语：＿＿＿＿＿＿
2. 先生に勉強の＿＿＿＿＿＿（建议）を求めました。　　　　英语：＿＿＿＿＿＿
3. 会社から＿＿＿＿＿＿（奖金）をもらいました。　　　　　英语：＿＿＿＿＿＿
4. スピーチの＿＿＿＿＿＿（主题）は何ですか。　　　　　　英语：＿＿＿＿＿＿
5. あの＿＿＿＿＿＿（大衣）を着ている女の人はマリーさんです。英语：＿＿＿＿＿＿
6. 今週末、友達と＿＿＿＿＿＿（开车兜风）に行きます。　　　英语：＿＿＿＿＿＿
7. この＿＿＿＿＿＿（唱片）を借りてもいいですか。　　　　　英语：＿＿＿＿＿＿
8. 田中さんは＿＿＿＿＿＿（钢琴）を弾くことが好きです。　　英语：＿＿＿＿＿＿
9. 誕生日の時、母から＿＿＿＿＿＿（毛衣）をもらいました。　英语：＿＿＿＿＿＿

练习4 预习动词意志形的相关知识，写出下列动词的意志形。

	基本形	意志形
五段动词	変わる	
	話し合う	
	経つ	
	頑張る	
	稼ぐ	
	選ぶ	
	死ぬ	
	頼む	
	寄る	
	働く	
	引っ越す	
	暮らす	
一段动词	求める	
	続ける	
サ变动词	努力する	
	帰国する	
カ变动词	来る	

课后总结

练习1 对照本课的语法要点，填写下表。

语法要点	造句	语法细节
～がほしいです。		
～たいです／たいと思います。		
～う／ようと思います。		
～つもりです。		
～予定です。		
～てみる。		
～ても、～		
～には		
～ということです。		

练习2 使用本课知识要点，尝试达成以下的交际目标。

1. 表达个人意愿。

   例 私は夏休みに旅行したいと思います。

   （以下可结合个人情况进一步细化）

   _____

   _____

   _____

2. 介绍近期的学业目标。

> **例** 私は日本語能力試験を受けようと思います。

（以下可结合个人情况进一步细化）

_____

_____

_____

3. 说明毕业后的计划。

> **例** 私は大学卒業後、日本語の通訳になるつもりです。

（以下可结合个人情况进一步细化）

_____

_____

_____

自我检测

言語知識（文字・語彙）

問題一　次の下線の単語を平仮名で書きなさい。

1. 夏休みは<u>海外旅行</u>に行きます。（　　　　）
2. 来年もこのアルバイトを<u>続</u>けたいです。（　　　　）
3. これからも<u>頑張</u>ってください。（　　　　）
4. どんなことでも、<u>最初</u>の一歩が大切です。（　　　　）
5. 誰でも自由を<u>求</u>めたいです。（　　　　）
6. <u>冷</u>たいビールが飲みたいですね。（　　　　）
7. 帰りにスーパーに<u>寄</u>ってパンを買いました。（　　　　）
8. <u>失敗</u>は成功のもと。（　　　　）
9. 冬休みに<u>国</u>へ帰るつもりです。（　　　　）
10. 庭の花がきれいに<u>咲</u>いています。（　　　　）
11. 外は寒いでしょう。<u>温</u>かいコーヒーはどうですか。（　　　　）
12. すてきな<u>腕時計</u>ですね。どこで買ったんですか。（　　　　）
13. <u>相談</u>することがありますから、研究室に来てください。（　　　　）
14. この<u>言葉</u>の意味がわかりますか。（　　　　）

15. このアパートの<u>家賃</u>は月5万円です。（　　　　）

問題二　次の下線の単語を漢字で書きなさい。

1. 日曜日に中国語の<u>けんていしけん</u>があります。（　　　　）
2. 運動したので、喉が<u>かわ</u>いています。（　　　　）
3. さっき話したことに<u>さんせい</u>しますか。（　　　　）
4. 日本に来て、1年間<u>た</u>ちました。（　　　　）
5. 試験が近いので、田中さんは<u>いっしょうけんめい</u>に勉強しています。（　　　　）
6. 父は自動車工場で<u>はたら</u>いています。（　　　　）
7. 去年、家族と<u>せかいいっしゅう</u>をしました。（　　　　）
8. 今朝の<u>てんきよほう</u>では、午後から雨が降るということです。（　　　　）
9. どうしてこの大学を<u>えら</u>んだんですか。（　　　　）
10. <u>かんこくご</u>を3年間勉強していました。（　　　　）
11. 李さんは毎日2時間ピアノを<u>ひ</u>いています。（　　　　）
12. 夢を<u>じつげん</u>するには、どんな努力が必要ですか。（　　　　）
13. 将来、会社を<u>けいえい</u>したいです。（　　　　）
14. <u>けさ</u>から雨が降っています。（　　　　）
15. 歴史<u>かんけい</u>の本が好きですか。（　　　　）

問題三　＿＿＿に何が入りますか。A・B・C・Dから一番適切なものを一つ選びなさい。

1. この＿＿＿を着てみてもいいですか。
　　A　ズボン　　　　　B　スカート　　　　　C　セーター　　　　D　ネクタイ
2. 年末に会社から＿＿＿をもらいました。
　　A　ニュース　　　　B　ボーナス　　　　　C　ダンス　　　　　D　クラス
3. 医者から健康についての＿＿＿をもらいました。
　　A　アルバム　　　　B　アイスクリーム　　C　アルバイト　　　D　アドバイス
4. うちの子は＿＿＿を10年間習っていました。
　　A　ビール　　　　　B　ビタミン　　　　　C　ピアノ　　　　　D　ノート
5. 山田さんはよく友達と＿＿＿に行きます。
　　A　トライブ　　　　B　ドライブ　　　　　C　トライプ　　　　D　ドライプ

問題四　＿＿＿に何が入りますか。A・B・C・Dから一番適切なものを一つ選びなさい。

1. 賢くても、子供は＿＿＿子供です。
　　A　また　　　　　　B　やはり　　　　　　C　ずいぶん　　　　D　とても

2. 明日は話があるから、＿＿＿＿研究室に来てください。

    A　早い　　　　　　B　速い　　　　　　C　早め　　　　　　D　早めに

3. 今勉強している知識はいつか役に＿＿＿＿ます。

    A　待ち　　　　　　B　立ち　　　　　　C　あり　　　　　　D　なり

4. 「日本語、お上手ですね。」

   「いいえ、＿＿＿＿です。」

    A　だんだん　　　　B　そろそろ　　　　C　まだまだ　　　　D　どんどん

5. 来週のパーティーが＿＿＿＿です。

    A　楽　　　　　　　B　楽しむ　　　　　C　楽しさ　　　　　D　楽しみ

6. 鈴木さんは中国の歴史に＿＿＿＿を持っています。

    A　趣味　　　　　　B　風味　　　　　　C　興味　　　　　　D　気味

7. これより＿＿＿＿安いのはありませんか。

    A　きっと　　　　　B　すっと　　　　　C　やっと　　　　　D　もっと

8. 放課後、買い物に行かないで、＿＿＿＿家に帰ってください。

    A　まったく　　　　B　まっすぐ　　　　C　まだ　　　　　　D　また

9. 年を＿＿＿＿と、目が悪くなります。

    A　ある　　　　　　B　なる　　　　　　C　要る　　　　　　D　取る

10. 「今日はいい天気ですね。＿＿＿＿、昨日の試験の結果はどうですか。」

   「まだわかりません。」

    A　ところを　　　　B　ところに　　　　C　ところで　　　　D　ところが

11. 「週末、一緒に花見に行きませんか。きれいですよ。」

   「はい、＿＿＿＿行きたいです。」

    A　きっと　　　　　B　あと　　　　　　C　ぜひ　　　　　　D　なぜ

問題五　＿＿＿＿の文とだいたい同じ意味の文があります。A・B・C・Dから一番適切なものを一つ選びなさい。

1. <u>明日早めに来てください。</u>

    A　明日来るのが早いです。

    B　明日早く来てください。

    C　明日速いスピードで来てください。

    D　明日予定の時間より早く来てください。

2. <u>日本語の文章を書くには、電子辞書が要ります。</u>

    A　日本語の文章を書くには、電子辞書を買います。

    B　日本語の文章を書くには、電子辞書を売ります。

    C　日本語の文章を書くには、電子辞書が必要です。

    D　日本語の文章を書くには、電子辞書が丈夫です。

3.「歌がお上手ですね。」
　「まだまだです。」
　　　A　まだ歌います。　　　　　　　　　B　まだ上手です。
　　　C　まだ得意です。　　　　　　　　　D　まだ下手です。

4.　もっと頑張ってください。
　　　A　ぜひ頑張ってください。
　　　B　すこし頑張ってください。
　　　C　きっと頑張ってください。
　　　D　今まで以上に頑張ってください。

5.　先輩にアドバイスを求めました。
　　　A　先輩にアドバイスをしました。
　　　B　先輩にアドバイスを話しました。
　　　C　先輩にアドバイスを聞きました。
　　　D　先輩にアドバイスを教えました。

言語知識（文法）

問題六　_____に適切な仮名を入れなさい。

1. 小さい時、たくさんのおもちゃ____ほしかったです。
2. 大学に入った後、毎日6時____起きて、自習室____勉強____行きます。
3. よく友達の王さん____一緒に勉強しますが、彼は私____　____成績がいいです。
4. 体育館____バスケットボール____試合____あります。
5. 弟は将来、医者の仕事がしたいと言っています____、全然勉強しません。
6.「みなさん、日本語の勉強____頑張ってください。授業の時、日本語____話してください」と先生はよく言っています。
7. 結婚祝い____何____ほしいものはありませんか。
8. 大学卒業後、王さん____銀行____入りました。
9. 疲れた時、冷たいビール____飲みたいですね。
10. ほかの人____聞かないでください。自分の目____見てください。

問題七　（　　）の動詞を意志形にして、_____に書きなさい。

1. 水曜日の発表では、この資料を_____と思います。（使う）
2. 違う文化を_____と思います。（体験する）
3. 明日、朝9時の飛行機に乗るので、5時に_____と思います。（起きる）

4. この仕事は友達の李さんに＿＿＿＿＿と思います。（頼む）

5. ここの料理がおいしいから、また＿＿＿＿＿と思います。（来る）

6. 英語の検定試験を＿＿＿＿＿と思って、一か月前から準備しています。（受ける）

7. 友達の結婚式に＿＿＿＿＿と思って、東京に向かいました。（出席する）

問題八　「～たいです」を使って、文を完成させなさい。

1. 「将来、どんな仕事をしたいですか。」
   「医者に＿＿＿＿＿＿＿＿＿＿＿＿。」

2. 「今週末に何をするつもりですか。」
   「家族で買い物に＿＿＿＿＿＿＿＿＿＿＿。」

3. 「パーティーはどこでしますか。」
   「学校の近くのレストランで＿＿＿＿＿＿＿＿＿＿。」

4. 「アルバイトはもう決めましたか。」
   「よく考えてから＿＿＿＿＿＿＿＿＿＿＿。」

5. 「午後はどこで勉強しますか。」
   「自習室で＿＿＿＿＿＿＿＿＿＿＿。」

6. 「どんなスカートを買いますか。」
   「かわいいスカートを＿＿＿＿＿＿＿＿＿＿。」

7. 「明日の朝、何時ごろ出かけますか。」
   「6時ごろ＿＿＿＿＿＿＿＿＿＿＿。」

8. 「図書館の本はもう返しましたか。」
   「いいえ、これから＿＿＿＿＿＿＿＿＿＿。」

問題九　＿＿＿＿＿に何が入りますか。Ａ・Ｂ・Ｃ・Ｄから一番適切なものを一つ選びなさい。

1. すみません。日本語の辞書＿＿＿＿＿ほしいんですが。
   A　の　　　　　　B　に　　　　　　C　が　　　　　　D　を

2. 今週末はこの小説を＿＿＿＿＿と思います。
   A　よみ　　　　　B　よみよう　　　C　よむろう　　　D　よもう

3. お正月は田舎に＿＿＿＿＿つもりです。
   A　帰ろう　　　　B　帰り　　　　　C　帰る　　　　　D　帰った

4. 将来、日系企業で＿＿＿＿＿たいです。
   A　働く　　　　　B　働こう　　　　C　働き　　　　　D　働かない

5. 大阪には9時に＿＿＿＿＿予定です。
   A　つか　　　　　B　つき　　　　　C　つく　　　　　D　つこう

6. 「毎日、家に電話しますか。」
   「はい、どんなに＿＿＿＿＿電話します。」

　　　A　忙しい　　　　　B　忙しく　　　　　C　忙しくて　　　　D　忙しくても

7. 冬休みに北海道へ_____と思います。
　　　A　行き　　　　　　B　行って　　　　　C　行か　　　　　　D　行こう

8. 「ちょっとこのコートを_____てもいいですか。」
　　「はい、どうぞ。」
　　　A　着る　　　　　　B　着こう　　　　　C　着てみ　　　　　D　着てみる

9. 王さんは日本語を_____。
　　　A　勉強したいです　　　　　　　　　B　勉強するつもりです
　　　C　勉強しようと思います　　　　　　D　勉強しようと思っています。

10. 帰国後、自分の会社を作る_____です。
　　　A　ほしい　　　　　B　たい　　　　　　C　だろう　　　　　D　つもり

11. このバスに_____には、予約しなければなりません。
　　　A　乗ろう　　　　　B　乗る　　　　　　C　乗り　　　　　　D　乗っている

12. 大学院の入学試験が近いから、コンビニでのアルバイトを_____つもりです。
　　　A　する　　　　　　B　するよう　　　　C　やめる　　　　　D　やめない

13. 今日はどこへも_____んです。
　　　A　行く　　　　　　B　行こう　　　　　C　行きたい　　　　D　行きたくない

14. 再来週は_____予定です。
　　　A　出張　　　　　　B　出張な　　　　　C　出張の　　　　　D　出張だ

15. 来週、学校の近くでお祭りが_____ということです。
　　　A　あり　　　　　　B　あらない　　　　C　あった　　　　　D　ある

問題十　__★__に入るものはどれですか。A・B・C・Dから一番適切なものを一つ選びなさい。

1. あんな人に_____　_____　__★__　_____。
　　　A　二度と　　　　　B　つもりは　　　　C　連絡する　　　　D　ありません

2. 友達の話では、王さんは_____　_____　__★__　_____ことです。
　　　A　やめて　　　　　B　という　　　　　C　留学する　　　　D　会社を

3. 明日は、朝_____　_____　__★__　_____です。
　　　A　飛行機　　　　　B　予定　　　　　　C　10時の　　　　　D　に乗る

4. すみません。この_____　_____　__★__　_____ですか。
　　　A　いい　　　　　　B　携帯を　　　　　C　みても　　　　　D　使って

5. 今週末は_____　_____　__★__　_____。
　　　A　休もう　　　　　B　ゆっくり　　　　C　家で　　　　　　D　と思います

読解

問題十一　次の文を読んで質問に答えなさい。

　私は通訳になりたいです。

　高校一年生の時、東京の高校から3人の先生と20人の学生がうちの学校を訪問しに来ました。歓迎式の時、私の日本語の先生は通訳を担当していました。先生の中国語と日本語の発音がきれいで、そして、とても流暢でした。先生の通訳のおかげで、その交流活動は大いに成功しました。

　当時の私は日本語が苦手で、成績もそんなによくなかったです。先生のような通訳になろうと思って、日本語の勉強を頑張ろうと思うようになりました。まず、教科書の分からないところを徹底的にやり直しました。そして、毎朝、日本語の文章を30分読むようにしました。日本語の先生は私の変化を見て、「日本語が上手になったよ。頑張ってください」と励ましてくださったので、やる気がどんどん出てきました。

　今は日本語専攻の大学二年生です。毎日、日本語の勉強を楽しんでいます。そして、この前、通訳のアルバイトもやってみました。身をもって通訳の仕事を体験して、もっとその魅力と難しさがわかるようになりました。来年の3月に日本へ交換留学をする予定です。その一年間を利用して、自分の夢に向かって、頑張るつもりです。

1. 歓迎式の通訳の日本語はどうでしたか。

　_____

2. どうして日本語の勉強を頑張ろうと思うようになりましたか。

　_____

3. 日本語を頑張ろうと思って、どんな努力をしましたか。

　_____

4. 通訳のアルバイトでどんなことがわかりましたか。

　_____

5. 交換留学の一年間でどんな計画がありますか。

　_____

問題十二　次の文を読んで質問に答えなさい。答えはA・B・C・Dから一番適切なものを一つ選びなさい。

　私の趣味は旅行です。休みの時、よくどこかへ行こうかなと考えます。学生の時はお金がなかったから、よく友達と一緒にハイキングに行ったり、自転車で旅行したりしていました。でも、私はずっと、外国に行きたい、特に、中国やエジプトのような歴史のある国に行きたいと思っていました。ですから、アルバイトをして、大学卒業の前に中国へ行きました。いろいろ体

験して、大満足でした。でも、外国旅行はその時だけでした。今年の春に会社で働き始めました。お金の問題より時間の問題のほうが大きいです。長い休みは取れないので、外国へ旅行するのは今はやはり難しいです。それで、8月の休みには北海道へ行きました。この旅行で、私は大切な経験をしました。珍しい食べ物や初めて見る風景、初めて聞くことばなど、自然も文化も、私が住んでいる所とはずいぶん違いました。考えてみると、自分の国の中でも、まだ行ったことのない所、知らない自然や文化がたくさんあります。ですから、時間とお金をたくさん使って外国へ行く前に、まず自分の国をよく知りたいです。北海道から帰って、私はそう思うようになりました。私はこれから、自分の国を知るための旅行をしようと思っています。

1. 学生のときはどこへ旅行に行きましたか。
    A　外国へ何回も行きました。
    B　国内だけを旅行しました。
    C　中国やエジプトに行きました。
    D　一度だけ外国へ行きました。
2. 今の問題はどんなことですか。
    A　卒業したこと
    B　お金がないこと
    C　会社で働き始めたこと
    D　長い休みがとれないこと
3. これからどんな旅行をしたいと思っていますか。
    A　短い海外旅行
    B　大切な経験ができる海外旅行
    C　知らない所へ行く国内の旅行
    D　お金をあまり使わない国内の旅行
4. この文章について正しいのはどれですか。
    A　休みの時、いつもどこかへ旅行する。
    B　北海道でおいしいものを食べました。
    C　これからは外国へ行くより国内を旅行したいです。
    D　自分の国の自然や文化はほとんど知っています。

問題十三　声を出して読んでみましょう。

　新しい一年が始まりました。この時期から運動を始める人が多いです。年末に忘年会など集まりが多くて、おいしいものを食べ過ぎたので太ってしまう人がたくさんいます。ですから、1月になってから、みんなやせるために運動を始めるのです。

　私もこれから運動を始めようと思いますが、そんな理由で始めるのではありません。私は先週から腰が痛くなったのです。それで、病院でお医者さんにみてもらいました。お医者さんは「原因は座り過ぎることだ。毎日もっと立って歩いたほうがいい」と言いました。だから、その

時から毎日30分ぐらい散歩することにしています。腰の痛みが少し治っただけではなく、体も少し軽くなったような気がします。運動の後のご飯もおいしくなったし、仕事の効率も上がりました。

　この間、同窓会があって、大学時代のクラスメートと腰の話をすると、いいことを教えてもらいました。彼は「水泳を始めないか？腰の痛みを治してくれるよ」と言いました。そして、いい水泳教室を勧めてくれたので、来週の水曜日に見学に行く予定です。これから散歩のほかに、水泳も頑張ってみたいと思います。

翻訳

問題十四　次の文章を日本語に訳しなさい。

　　我打算大学毕业后考研。我每天6点起床，到图书馆学习，经常在那里向学长们询问建议。为了提高日语水平，练习是必要的。所以，我用日语写作文，练习对话。我每天非常忙，但是很开心。这个周末计划去远足。我很盼望那一天的到来。

1. 日本語訳を書きなさい。

　　_____
　　_____
　　_____
　　_____

2. 中国語の原文だけを見て、声を出して日本語に訳しなさい。（日本語訳を見ないでください。）

問題十五　次の文章を中国語に訳しなさい。

　　新しいパソコンがほしいので、先週の週末に、母と一緒に買いに行きました。パソコン売り場でいろいろみましたが、白いパソコンか黒いパソコンが買いたかったです。白いパソコンは黒いのより値段が高かったですが、デザインがよかったです。また、白いパソコンを使ってみました。とても便利でした。ですから、高くても買いました。そのパソコンで勉強したり、買い物したりしたいと思います。

1. 中国語訳を書きなさい。

　　_____
　　_____
　　_____
　　_____

2. 日本語の原文だけを見て、声を出して中国語に訳しなさい。（中国語訳を見ないでください。）

自我评价表

A完成得很好　B完成得一般　C完成得不理想

	练习	练习内容	练习目的	自我评价
课前预习	练习1	汉字标注假名	掌握日语汉字读音	A・B・C
	练习2	听写汉字	掌握日语汉字书写	A・B・C
	练习3	填写外来语	掌握外来语的书写及含义	A・B・C
	练习4	动词意志形	了解动词意志形的接续方法	A・B・C
课后总结	练习1	总结语法要点	巩固本课所学的语法知识	A・B・C
	练习2	使用知识要点达成交际目标	提高知识要点的实际应用能力	A・B・C
自我检测	问题一	汉字标注假名	掌握日语汉字读音	A・B・C
	问题二	假名标注汉字	掌握日语汉字书写	A・B・C
	问题三	外来语选择	掌握外来语的书写及含义	A・B・C
	问题四	词汇选择	掌握词汇的含义及用法	A・B・C
	问题五	同义句选择	掌握近义词汇及表达	A・B・C
	问题六	助词填空	掌握助词的用法	A・B・C
	问题七	动词意志形活用	掌握动词意志形的接续方法	A・B・C
	问题八	完成句子	掌握句型的接续及用法	A・B・C
	问题九	句子语法1（选择语法项目）	提高语法知识的综合应用能力	A・B・C
	问题十	句子语法2（组合句子）		A・B・C
	问题十一	阅读理解	提高分析、理解日语文章的能力	A・B・C
	问题十二			A・B・C
	问题十三	日语短文朗读	掌握规范的语音、语调，培养语感	A・B・C
	问题十四	汉译日	巩固所学语法、词汇，提高综合应用能力	A・B・C
	问题十五	日译汉		A・B・C

第13課

思い出

课前预习

请观看第13课的视频，预习本课单词、句型等相关知识后，在课前完成下列练习。

练习1 请给下列单词标注读音。

1. 湖＿＿＿＿＿＿＿＿＿＿＿
2. 花火＿＿＿＿＿＿＿＿＿＿＿
3. 途中＿＿＿＿＿＿＿＿＿＿＿
4. 祭り＿＿＿＿＿＿＿＿＿＿＿
5. 森＿＿＿＿＿＿＿＿＿＿＿
6. 夢＿＿＿＿＿＿＿＿＿＿＿
7. 別荘＿＿＿＿＿＿＿＿＿＿＿
8. 安心＿＿＿＿＿＿＿＿＿＿＿
9. 無料＿＿＿＿＿＿＿＿＿＿＿
10. 実は＿＿＿＿＿＿＿＿＿＿＿
11. 心地よい＿＿＿＿＿＿＿＿＿
12. 不思議＿＿＿＿＿＿＿＿＿＿
13. 慣れる＿＿＿＿＿＿＿＿＿＿
14. 集める＿＿＿＿＿＿＿＿＿＿
15. 探す＿＿＿＿＿＿＿＿＿＿＿

练习2 请听录音，写汉字。🎧

1. 日系企業に（　　　）する
2. 海辺の（　　　）
3. （　　　）の音
4. はっきり（　　　）こえる
5. 日の出が（　　　）える
6. （　　　）を着る
7. （　　　）が食べられる
8. （　　　）に戻る
9. （　　　）れが取れる
10. ロマンチックな（　　　）じがする
11. （　　　）を楽しむ
12. 小さな（　　　）
13. （　　　）に乗る
14. 数を（　　　）える
15. 荷物を（　　　）ける

练习3　请结合括号内的提示写出外来语补全句子，并写出相应的英语单词。

1. 私は＿＿＿＿＿＿（小提琴）を弾くことができません。　　英语：＿＿＿＿＿＿
2. 箱根＿＿＿＿＿＿（缆车）に4つの駅があります。　　英语：＿＿＿＿＿＿
3. ここは＿＿＿＿＿＿（浪漫的）な時間を過ごせるお店です。　　英语：＿＿＿＿＿＿
4. ＿＿＿＿＿＿（电脑）でできることはたくさんあります。　　英语：＿＿＿＿＿＿
5. お金がないから、＿＿＿＿＿＿（照相机）が買えません。　　英语：＿＿＿＿＿＿
6. ＿＿＿＿＿＿（法国）に行くのは初めてです。　　英语：＿＿＿＿＿＿
7. この＿＿＿＿＿＿（手帕）は誕生日にお母さんからもらったのです。英语：＿＿＿＿＿＿

练习4　预习动词可能形的相关知识，写出下列动词的可能形。

分类	接续方法	词例	可能形
五段动词		洗う 言う	
		書く 嗅ぐ	
		話す 出す	
		立つ 持つ	
		死ぬ	
		遊ぶ 呼ぶ	
		飲む 読む	
一段动词		開ける 止める	
サ变动词		勉強する 結婚する	
カ变动词		来る	

课后总结

练习1　对照本课的语法要点，填写下表。

语法要点	造句	语法细节
～ができます。		
～ことができます。		
動詞の可能形		
～がします。		
～が見えます／聞こえます。		
～のは～です。		
～は～ことです。		
まだ～ていません。		
なかなか		
こと		

练习2　使用本课知识要点，尝试达成以下的交际目标。

1. 使用日语表述是否具备某种能力或可能性。

2. 使用日语介绍曾经努力做过的事情。

_____

_____

_____

3. 使用日语描述难忘的回忆。

_____

_____

_____

自我检测

言語知識（文字・語彙）

問題一　次の下線の単語を平仮名で書きなさい。

1. 箱根<u>神社</u>は芦ノ湖のそばにあります。（　　　　）
2. 王さんは<u>水泳</u>ができます。（　　　　）
3. 高田さんは<u>生</u>の魚が嫌いです。（　　　　）
4. どうぞ<u>楽</u>しんでください。（　　　　）
5. 夜暑いから、よく<u>眠</u>れません。（　　　　）
6. この<u>牛乳</u>は変なにおいがします。（　　　　）
7. どこからか<u>不思議</u>の音が聞こえましたよ。（　　　　）
8. 私は大学生活にもう<u>慣</u>れました。（　　　　）
9. 3歳児は英語で<u>数</u>を数えることができます。（　　　　）
10. 私の<u>特技</u>はピアノを弾くことです。（　　　　）

問題二　次の下線の単語を漢字で書きなさい。

1. 遠くから向こうの山が<u>み</u>えます。（　　　　）
2. 湖の上できれいな<u>はなび</u>が見られました。（　　　　）
3. <u>りょかん</u>に戻ってから、温泉に入りました。（　　　　）
4. 箱根の旅は楽しかったです。いい<u>おもいで</u>ができました。（　　　　）
5. 日本語会話力を<u>たか</u>めたいです。（　　　　）
6. 湖からの風が吹いていて、涼しくて<u>ここち</u>よかったです。（　　　　）

7. いつも<u>ゆれ</u>ている感じがします。（　　　　）

8. <u>ゆうらんせん</u>に乗って、きれいな景色を見ます。（　　　　）

9. ゆっくり<u>しぜん</u>を楽しむことができます。（　　　　）

10. 子供は<u>むりょう</u>でイルカのショーが見られます。（　　　　）

問題三　　＿＿＿＿に何が入りますか。A・B・C・Dから一番適切なものを一つ選びなさい。

1. 料理をするのが好きなので、私の夢は＿＿＿＿になることです。
   A　コック　　　　　　B　カップ　　　　　C　クッキー　　　　D　コップ

2. ＿＿＿＿の演奏はかっこよく目でも楽しめます。
   A　パソコン　　　　　B　バイオリン　　　C　コピー　　　　　D　ビール

3. 家から駅まで500＿＿＿＿ぐらいです。
   A　メートル　　　　　B　グラム　　　　　C　ばん　　　　　　D　ど

4. この教科書の30ページを大きく＿＿＿＿してください。
   A　コック　　　　　　B　ピアノ　　　　　C　チェック　　　　D　コピー

5. やっと人前で＿＿＿＿が弾けるようになりました。
   A　リズム　　　　　　B　トランペット　　C　ギター　　　　　D　ドア

6. ＿＿＿＿に乗って空中から絶景を楽しんでみませんか。
   A　バス　　　　　　　B　タクシー　　　　C　ロープウェイ　　D　フェリー

7. 沖縄の旅行は＿＿＿＿で、思い出に残りました。
   A　フライト　　　　　B　ドライブ　　　　C　ハンサム　　　　D　ロマンチック

8. おしゃれな彼女はいつも真珠の＿＿＿＿をしています。
   A　ネックレス　　　　B　ネクタイ　　　　C　ドレス　　　　　D　ズボン

問題四　　＿＿＿＿に何が入りますか。A・B・C・Dから一番適切なものを一つ選びなさい。

1. 目が悪いので、とおくのものがよく＿＿＿＿。
   A　見ません　　　　　B　見えません　　　C　聞きません　　　D　聞こえません

2. 日本の子供は一人で外を＿＿＿＿。とても安全な国です。
   A　歩けます　　　　　B　歩けません　　　C　歩きます　　　　D　歩いません

3. ＿＿＿＿映画を見たので、夜よく眠れませんでした。
   A　弱い　　　　　　　B　怖い　　　　　　C　辛い　　　　　　D　遅い

4. ＿＿＿＿試験が終わったので、遊びに行けます。
   A　いつか　　　　　　B　もうすぐ　　　　C　たまに　　　　　D　やっと

5. 「マリアさん、宿題は終わりましたか。」
   「いいえ、＿＿＿＿終わっていません。」
   A　もう　　　　　　　B　まだ　　　　　　C　けっして　　　　D　あまり

6. 忙しくて、＿＿＿＿メールの確認ができません。
   A　しょうしょう　　　B　なかなか　　　　C　やっと　　　　　D　むりに

7. いい＿＿＿がしますね。何を作っているんですか。
　　A　いろ　　　　　　B　あじ　　　　　　C　におい　　　　　D　おと
8. 「＿＿＿会社を辞めるんですか。」
　　「外国に留学するんです。」
　　A　なぜ　　　　　　B　いつ　　　　　　C　必ず　　　　　　D　ぜひ
9. 友達とアルバムを見て、旅行の＿＿＿を話しました。
　　A　予定　　　　　　B　競争　　　　　　C　思い出　　　　　D　参加
10. ご親切＿＿＿忘れません。
　　A　いつか　　　　　B　いつまでも　　　C　なかなか　　　　D　はっきり

問題五　＿＿＿の文とだいたい同じ意味の文があります。A・B・C・Dから一番適切なものを一つ選びなさい。

1. 王さんが書いた作文はすばらしいです。
　　A　王さんの作文はじょうずにかけています。
　　B　王さんの作文はかんたんにかけています。
　　C　王さんの作文はたくさんかけています。
　　D　王さんの作文はだいたいかけています。

2. ここから遠くの山がはっきり見えます。
　　A　ここから遠くの山が少し見えます。
　　B　ここから遠くの山がたいてい見えます。
　　C　ここから遠くの山がよく見えます。
　　D　ここから遠くの山がときどき見えます。

3. このエレベーターはこわれています。
　　A　このエレベーターはつかえません。
　　B　このエレベーターはつかえます。
　　C　このエレベーターはつくれません。
　　D　このエレベーターはつくれます。

4. 私の夢は自分の会社をつくることです。
　　A　私は自分で会社を作る夢をみました。
　　B　私は自分の会社を作りたいです。
　　C　私は自分の会社を持っています。
　　D　私は自分が社長になる夢をみました。

5. 今日の夕方、届けます。
　　A　今日の夕方、取りにきてください。
　　B　今日の夕方、取りにいきます。
　　C　今日の夕方、持っていきます。
　　D　今日の夕方、買いものにいきます。

言語知識（文法）

問題六 _____に適切な仮名を入れなさい。

1. 向こう____郵便局が見えますね。銀行はその隣です。
2. 遠く____ ____大きな音が聞こえます。
3. 王さんは韓国語はできます____、日本語____できません。
4. 私はピアノを弾く____が好きです。
5. 電車で1時間ぐらい____箱根に着きます。
6. 佳子ちゃんの髪からシャンプーのいいにおい____します。
7. このチケットでイルカのショー____見られます。
8. これはインターネット____買うことができます。
9. 昨日の夜____、テストのこと____心配____、寝られませんでした。

問題七 （　　）の動詞を適当な形にして、_____に書きなさい。

1. この荷物は重くて、子供は一人で_____。（運ぶ）
2. この冷蔵庫は大きいから、たくさん_____。（入る）
3. テストは難しくて、全然_____。（わかる）
4. ジョンさんはすごいです。英語も日本語も_____。（話す）
5. 今日もう長い時間走ったので、疲れました。もう_____。（走る）
6. 晴れた日は、こちら側から玉龍雪山がよく_____。（見える）
7. 1日にいくつ新しい漢字が_____か。（覚える）
8. この小説は漢字が多いので、難しくて_____。（読む）
9. 「もしもし、こちらは入国管理局の山本です。張さん、_____か。」
   （聞こえる）
   「はい、張です。」
10. 「柳さんは一人で市内まで_____か。」（行く）
    「はい、できます。」

問題八 例のように、次の文を完成させなさい。

> **例** この辺の海は危ないですから、<u>泳ぐことができません／泳げません</u>。

1. 娘はまだ小さいので、一人で_____。
2. 夕べとても暑かったので、_____。
3. 毎日忙しくて、友達と一緒に_____。

4. 外は大雨で、＿＿＿＿＿＿＿＿＿＿＿＿。
5. 「明日宿題を出してくださいね。」
　　「すみません。＿＿＿＿＿＿＿＿＿＿＿＿。」

問題九　＿＿＿＿＿に何が入りますか。Ａ・Ｂ・Ｃ・Ｄから一番適切なものを一つ選びなさい。

1. 車で来たので、今日はお酒＿＿＿＿＿飲めません。
　　Ａ　と　　　　　　　Ｂ　に　　　　　　　Ｃ　は　　　　　　　Ｄ　や
2. 外国語を＿＿＿＿＿大変です。
　　Ａ　勉強したのは　　Ｂ　勉強するのは　　Ｃ　勉強するために　Ｄ　勉強したように
3. 私の特技は歌詞を作る＿＿＿＿＿です。
　　Ａ　こと　　　　　　Ｂ　の　　　　　　　Ｃ　たい　　　　　　Ｄ　つもり
4. 外から子供たちが遊んでいる声＿＿＿＿＿します。楽しそうですね。
　　Ａ　が　　　　　　　Ｂ　を　　　　　　　Ｃ　に　　　　　　　Ｄ　で
5. けがをしていますね。学校まで15分ですが、＿＿＿＿＿。
　　Ａ　こられますか　　Ｂ　これますか　　　Ｃ　くられますか　　Ｄ　くれますか
6. このかばんは大きいから、たくさん＿＿＿＿＿。
　　Ａ　入れます　　　　Ｂ　入ります　　　　Ｃ　入られます　　　Ｄ　入れません
7. 外から家の中が＿＿＿＿＿から、カーテンを閉めてください。
　　Ａ　見えます　　　　Ｂ　見れます　　　　Ｃ　見ます　　　　　Ｄ　見ません
8. 日本語の勉強を始めた＿＿＿＿＿2年前です。
　　Ａ　ので　　　　　　Ｂ　から　　　　　　Ｃ　のは　　　　　　Ｄ　のだ
9. 「明日教えてくださいね。」
　　「＿＿＿＿＿。」
　　Ａ　はい、わかります　　　　　　　　Ｂ　はい、わかっています
　　Ｃ　はい、わかりました　　　　　　　Ｄ　いいえ、わかっていません
10. 「英語を話すことができますか。」
　　「＿＿＿＿＿。」
　　Ａ　はい、そうです　　　　　　　　　Ｂ　はい、できます
　　Ｃ　いいえ、そうです　　　　　　　　Ｄ　いいえ、できます

問題十　＿★＿に入るものはどれですか。Ａ・Ｂ・Ｃ・Ｄから一番適切なものを一つ選びなさい。

1. 斉さんが＿＿＿＿　＿＿＿＿　＿★＿　＿＿＿＿です。
　　Ａ　のは　　　　　Ｂ　来た　　　　　Ｃ　日本に　　　　Ｄ　去年
2. 日本語を＿＿＿＿　＿＿＿＿　＿★＿　＿＿＿＿はいますか。
　　Ａ　話す　　　　　Ｂ　上手に　　　　Ｃ　人　　　　　　Ｄ　ことができる

3. 「勉さんのお姉さんも日本語ができますか。」
　「はい。姉は＿＿＿＿　＿＿＿＿　＿★＿　＿＿＿＿が上手です。」
　　A　日本語　　　　　　B　私　　　　　　　C　も　　　　　　　D　より
4. 「あの木の上に白い＿＿＿＿　＿＿＿＿　＿★＿　＿＿＿＿見えますか。」
　「はい、見えます。かわいいですね。」
　　A　赤い　　　　　　　B　いるのが　　　　C　さるや　　　　　D　さるが
5. クアンさんは＿＿＿＿　＿＿＿＿　＿★＿　＿＿＿＿。
　　A　食べ物を　　　　　B　甘い　　　　　　C　食べることが　　D　できますか

読解

問題十一　次の文を読んで質問に答えなさい。

　私は日本の中華料理店でアルバイトをしています。日本語がうまく聞き取れなかったので、<u>最初は苦労してとても大変でした</u>。でも、みんな優しくて、一か月ぐらいで仕事に慣れました。だけど、一回だけ<u>店長に注意された</u>[注1]ことがあります。

　ある日、昼食に来たお客さんに「すみませんが、チャーハンセットをください」と言われた[注2]ので、真面目な顔で大きな声で「はい、チャーハンセットです」と言って[注3]、台所のほうに行きました。<u>お客さんが少しびっくりしていました</u>。お客さんが帰ってから、店長に「柳さんの話し方はちょっと怖いから、もっとやさしく話してくださいね」と言われました。私の話し方は少し強いようです[注4]。ミスをしないようにと考えすぎて、冷たい言い方になっていたのだと思います。店長は「家族や友達がお店に来たと思えばいいんだよ」と教えてくれました[注5]。

　ほかにも、店長は時間がある時、日本料理をごちそうしてくれたり、いろいろな話をしてくれたりして、国の家族に会えなくてもさびしくないです。私は店長を家族のような人だと思っています[注6]。

注1：注意される／被……警告
注2：言われる／被……説
注3：～と言います／説……
注4：～ようです／好像……
注5：～てくれました／別人为我……
注6：～と思っています／认为……

1. なぜ「<u>最初は苦労してとても大変でした</u>」か。
　＿＿＿＿＿＿＿＿＿＿＿＿＿＿＿＿＿＿＿＿＿＿＿＿＿＿＿＿＿＿＿＿＿。

2. 「<u>私</u>」はなぜ「<u>店長に注意され</u>」ましたか。
　＿＿＿＿＿＿＿＿＿＿＿＿＿＿＿＿＿＿＿＿＿＿＿＿＿＿＿＿＿＿＿＿＿。

3. なぜ「お客さんがびっくりしていました」か。
　　A　台所のほうにいきましたから。
　　B　同じミスをしたから。
　　C　仕事をまじめにしていなかったから。
　　D　声が大きくて、言い方が冷たいから。

4. 文章の内容に最もふさわしいことは何ですか。
　　A　「私」は店長が嫌いです。
　　B　「私」は店長が好きです。
　　C　店長は厳しいです。
　　D　店の人は厳しいです。

問題十二　次の文を読んで質問に答えなさい。

　私は小さい頃、こどもの日のプレゼントをおばあさんからもらっていました。おばあさんが亡くなって^{注1}から、私はほしいプレゼントを手紙に書きました。両親はそれを封筒^{注2}に入れて、切手をはって、おばあさんに郵便で送りました。

　でも、本当は両親がプレゼントを買って私に送っていました。私はそれを、知りませんでした。いつもおばあさんがくれたプレゼントだと思っていました。

　1年生のこどもの日の前に、私は自分でおばあさんに手紙を出したいと思って、封筒に「おばあちゃんへ」と書いて、自分の住所を書いて、ポスト^{注3}に入れました。でも、間もなく手紙は郵便局から私の家に戻ってきました。

　こどもの日私は父と母からプレゼントをもらいました。その時、本当は両親がプレゼントを買っていたことと、おばあさんのことについて話を聞きました。両親は、おばあちゃんはもう亡くなった、と言いました。

　その時のプレゼントはかわいいリボン^{注4}がついている髪飾り^{注5}でした。私の大切な宝物です。おばあちゃんの、さいごのプレゼントだからです。

注1：亡くなる／去世

注2：封筒／信封

注3：ポスト／邮筒

注4：リボン／蝴蝶结

注5：髪飾り／头饰

1. 「それ」は何を指しますか。

　　_____。

2. 「私」はだれがプレゼントをくれると思っていましたか。
　　A　両親が手紙を見て、プレゼントをくれると思っていました。
　　B　おばあさんが手紙を見て、プレゼントをくれると思っていました。

C　おばあさんが両親に聞いて、プレゼントをくれると思っていました。

D　両親がおばあさんに言って、プレゼントをくれると思っていました。

3. なぜ「両親がプレゼントを買って」いましたか。

_____。

4. なぜ「手紙は私の家に戻ってきました」か。

A　住所を間違えたから。

B　住所を書かなかったから。

C　お母さんが手紙を取ってきたから。

D　お父さんが手紙を取ってきたから。

5. 「私」はどうして「本当は両親がプレゼントを買っていたこと」を知ったのですか。

A　おばあさんのことについて両親に聞いたから。

B　両親が教えてくれたから。

C　両親がおばあさんが亡くなったと言ったから。

D　おばあさんに出した手紙は戻ってきたが、両親からプレゼントをもらったから。

問題十三　声を出して読んでみましょう。

　私の趣味は写真を撮ることです。先週橋の写真を撮りに、有名な蓮花山に行きました。景色がよくて、海にかかる橋^{注1}もかっこよく見える所です。海は青くてきれいでした。でも、橋がはっきり見える場所には人がたくさんいて、写真がうまく撮れませんでした。もう有名な所に行きません。家の近くで写真を撮ろうと思います。

注1：海にかかる橋／跨海大桥

翻訳

問題十四　次の文章を日本語に訳しなさい。

　　我的兴趣是听歌。例如听日本的歌曲啊、韩国的歌曲啊、美国的歌曲等各个国家的歌曲。我喜欢节奏感强的歌曲。我虽然不擅长唱歌，但是因为听了好多遍，所以也会唱。虽然不知道歌曲的意思，但是很享受音乐。我们的班级里有来自各个国家的同学，请大家教教我你们国家的歌曲。拜托了！

1. 日本語訳を書きなさい。

_____

_____

_____

_____

2. 中国語の原文だけを見て、声を出して日本語に訳しなさい。（日本語訳を見ないでください。）

問題十五　次の文章を中国語に訳しなさい。

　友達が新しい自転車を買いました。古い自転車はもう使わないので、売ると言っていました[注1]。私は彼女の古い自転車が好きでした。その自転車がほしいですが、自転車に乗ることができませんから、もらうことができません。残念です。

注1：〜と言っていました／说……

1. 中国語訳を書きなさい。

_____

_____

_____

_____

2. 日本語の原文だけを見て、声を出して中国語に訳しなさい。（中国語訳を見ないでください。）

自我评价表

A完成得很好　B完成得一般　C完成得不理想

	练习	练习内容	练习目的	自我评价
课前预习	练习1	汉字标注假名	掌握日语汉字读音	A・B・C
	练习2	听写汉字	掌握日语汉字书写	A・B・C
	练习3	填写外来语	掌握外来语的书写及含义	A・B・C
	练习4	动词可能形	了解动词可能形的接续方法	A・B・C
课后总结	练习1	总结语法要点	巩固本课所学的语法知识	A・B・C
	练习2	使用知识要点达成交际目标	提高知识要点的实际应用能力	A・B・C
自我检测	问题一	汉字标注假名	掌握日语汉字读音	A・B・C
	问题二	假名标注汉字	掌握日语汉字书写	A・B・C
	问题三	外来语选择	掌握外来语的书写及含义	A・B・C
	问题四	词汇选择	掌握词汇的含义及用法	A・B・C
	问题五	同义句选择	掌握近义词汇及表达	A・B・C
	问题六	助词填空	掌握助词的用法	A・B・C
	问题七	动词可能形活用	掌握动词可能形的接续方法	A・B・C
	问题八	完成句子	掌握句型的接续及用法	A・B・C
	问题九	句子语法1（选择语法项目）	提高语法知识的综合应用能力	A・B・C
	问题十	句子语法2（组合句子）		A・B・C
	问题十一	阅读理解	提高分析、理解日语文章的能力	A・B・C
	问题十二			A・B・C
	问题十三	日语短文朗读	掌握规范的语音、语调，培养语感	A・B・C
	问题十四	汉译日	巩固所学语法、词汇，提高综合应用能力	A・B・C
	问题十五	日译汉		A・B・C

見物

请观看第14课的视频，预习本课单词、句型等相关知识后，在课前完成下列练习。

练习1 请给下列单词标注读音。

1. 印象的＿＿＿＿＿＿＿＿＿＿＿＿＿＿
2. 警察＿＿＿＿＿＿＿＿＿＿＿＿＿＿＿
3. 場合＿＿＿＿＿＿＿＿＿＿＿＿＿＿＿
4. 番号＿＿＿＿＿＿＿＿＿＿＿＿＿＿＿
5. 伺う＿＿＿＿＿＿＿＿＿＿＿＿＿＿＿
6. 見学＿＿＿＿＿＿＿＿＿＿＿＿＿＿＿
7. 忘年会＿＿＿＿＿＿＿＿＿＿＿＿＿＿
8. 下がる＿＿＿＿＿＿＿＿＿＿＿＿＿＿
9. 並ぶ＿＿＿＿＿＿＿＿＿＿＿＿＿＿＿
10. 降りる＿＿＿＿＿＿＿＿＿＿＿＿＿＿
11. 売る＿＿＿＿＿＿＿＿＿＿＿＿＿＿＿
12. 申し込む＿＿＿＿＿＿＿＿＿＿＿＿＿
13. 間違う＿＿＿＿＿＿＿＿＿＿＿＿＿＿
14. 確かめる＿＿＿＿＿＿＿＿＿＿＿＿＿
15. 答える＿＿＿＿＿＿＿＿＿＿＿＿＿＿

练习2 请听录音，写汉字。 🎧

1. 銀座線を（　　　　　）する
2. （　　　　　）がある
3. 浅草までの（　　　　　）
4. 浅草を（　　　　　）する
5. 大きな（　　　　　）が下がる
6. 日本（　　　　　）のお土産
7. （　　　　　）を入れる
8. お（　　　　　）りをする
9. 古い（　　　　　）み
10. （　　　　　）の建物
11. （　　　　　）を言う
12. 日本語の（　　　　　）
13. （　　　　　）に入れる
14. 机の上に（　　　　　）く
15. サイズが（　　　　　）う

练习3 请结合括号内的提示写出外来语补全句子，并写出相应的英语单词。

1. _____（信用卡）を申し込む時、サインが必要です。　　英语：_____
2. この歌は_____（旋律）がいいですね。　　　　　　　英语：_____
3. 昨日の_____（派对）でお酒を何杯も飲みました。　　英语：_____
4. この靴の_____（大小）はぴったり合います。　　　　英语：_____
5. この_____（新闻）は本当かどうかわかりません。　　英语：_____

练习4 请写出下表中日语单词的简体和敬体。

		肯定		否定	
		简体	敬体	简体	敬体
非完了	寝る				
	作る				
	来る				
	する				
	ある				
	やさしい				
	いい				
	静か				
	にぎやか				
	晴れ				
	学生				
完了	寝る				
	作る				
	来る				
	する				
	ある				
	やさしい				
	いい				
	静か				
	にぎやか				
	晴れ				
	学生				

课后总结

练习1 对照本课的语法要点，填写下表。

语法要点	造句	语法细节
「～」と言います。		
～と言います。		
～と思います。		
疑问词～か～		
～かどうか～		
～(肯定形) か～ (否定形) か～		

练习2 使用本课知识要点，尝试达成以下的交际目标。

1. 使用日语转述他人的话并叙述个人想法。

2. 使用日语讨论出行路线。

3. 使用日语介绍游览经历。

自我检测

言語知識（文字・語彙）

問題一　次の下線の単語を平仮名で書きなさい。

1. ロシア語の発音は難しいと思います。（　　　　）
2. 冷蔵庫にたまごや野菜などが入っています。（　　　　）
3. 新しい靴は足にぴったり合います。（　　　　）
4. 私は上野から地下鉄に乗り、浅草寺駅で降りました。（　　　　）
5. 雷門の真ん中に大きな提灯が下がっていました。（　　　　）
6. 道の両側にはたくさん店が並んでいます。（　　　　）
7. 古い町並みと現代の建物が見られて、印象的でした。（　　　　）
8. 一つ伺いたいんですが、浅草寺には人力車がありますか。（　　　　）
9. 席の番号は間違っていません。（　　　　）
10. 芝居を見物してから、一緒にご飯を食べましょう。（　　　　）

問題二　次の下線の単語を漢字で書きなさい。

1. 浅草寺に行きたいんですが、りょうきんはいくらですか。（　　　）
2. 上野駅から銀座線をりようしてください。（　　　）
3. 質問にこたえてください。（　　　）
4. 日本どくとくのお土産を売っています。（　　　）
5. 日本語の文法はやさしいと思います。（　　　）
6. 日本語の本が何冊あるかかぞえています。（　　　）
7. けんがくはおもしろかったですが、時間が短かったです。（　　　）
8. 夜道はあぶないから、一人で歩かないでください。（　　　）
9. 試合で選手も私もきちょうな体験をすることができました。（　　　）
10. カードをもうしこむ場合、身分証明書を用意してください。（　　　）

問題三　＿＿＿に何が入りますか。Ａ・Ｂ・Ｃ・Ｄから一番適切なものを一つ選びなさい。

1. ＿＿＿をなくした場合、銀行に連絡してください。
   A　タイプ　　　　　　　　　　　　B　クレジットカード
   C　メール　　　　　　　　　　　　D　ビル

2.　_____が合うかどうか着てみてください。
　　　A　サイズ　　　　　　B　スカート　　　　　C　ズボン　　　　　D　パンツ
3.　宴会や_____で使う英語を教えてください。
　　　A　エレベーター　　B　パーティー　　　　C　ビル　　　　　　D　カード
4.　小野さんは_____に会える日を楽しみにしていると書きました。
　　　A　ニュース　　　　B　メール　　　　　　C　ビール　　　　　D　メロディー

問題四　_____に何が入りますか。A・B・C・Dから一番適切なものを一つ選びなさい。

1.　この品物は_____売れると思います。
　　　A　なるべく　　　　B　けっして　　　　　C　なかなか　　　　D　きっと
2.　リンさんはかならず戻ると_____しました。
　　　A　予習　　　　　　B　教育　　　　　　　C　準備　　　　　　D　約束
3.　_____漢字が覚えられるか教えてください。
　　　A　どうやった　　　B　どうした　　　　　C　どうやって　　　D　どうして
4.　今日は暑くなると思いましたが、_____暑くなかったです。
　　　A　こんなに　　　　B　そんなに　　　　　C　あんなに　　　　D　どんなに
5.　彼がもう着いたかどうか_____ください。
　　　A　確かめて　　　　B　申し込んで　　　　C　乗りかえて　　　D　間違って
6.　彼はよく_____を言うので、彼が言うことを信じません。
　　　A　お礼　　　　　　B　もの　　　　　　　C　うそ　　　　　　D　何か
7.　エレベーターで一階のロビーまで_____。
　　　A　降りました　　　B　下がりました　　　C　乗りました　　　通いました
8.　ほとんどの学生は先生のしつもんに_____ことはできません。
　　　A　話す　　　　　　B　言う　　　　　　　C　答える　　　　　D　聞く
9.　_____富士山が見られたかどうか聞いてみます。
　　　A　どうやって　　　B　どうして　　　　　C　いつ　　　　　　D　×
10.　夜の上海を_____したいです。
　　　A　完成　　　　　　B　見学　　　　　　　C　見物　　　　　　D　利用

問題五　_____の文とだいたい同じ意味の文があります。A・B・C・Dから一番適切なものを一つ選びなさい。

1.　先生は鈴木さんにおれいを言いました。
　　　A　先生は鈴木さんに「ありがとう」と言いました。
　　　B　先生は鈴木さんに「おだいじに」と言いました。
　　　C　先生は鈴木さんに「ちこくしてはいけない」と言いました。
　　　D　先生は鈴木さんに「はやくもどりなさい」と言いました。

2. <u>テストを見て、がっかりしました。</u>
    A　テストを見て、うれしくなりました。
    B　テストを見て、わらいました。
    C　テストを見て、たおれました。
    D　テストを見て、ざんねんに思いました。

3. <u>この川は危険です。</u>
    A　この川はふかいです。
    B　この川はあぶないです。
    C　この川はあさいです。
    D　この川はきたないです。

4. <u>私は彼の話を信じています。</u>
    A　私は彼の話はほんとうだと思っています。
    B　私は彼の話はうそだと思っています。
    C　私は彼の話はりっぱだと思っています。
    D　私は彼の話はしつれいだと思っています

5. <u>次のバスに間に合わないと思います。</u>
    A　次のバスに乗れると思います。
    B　次のバスに乗れないと思います。
    C　次のバスは遅れると思います。
    D　次のバスは遅れないと思います。

言語知識（文法）

問題六　_____に適切な仮名を入れなさい。

1. 「おいしい」は、ベトナム語____なんと言いますか。
2. 運動は体にいい____わかっていますが、あまりしていません。
3. 李さんがどこに住んでいる____知っていますか。
4. 冬休みに実家に帰る____帰らない____、今考えています。
5. 明さんは、私____「頑張ってね」____言いました。
6. 花束をもらった____ ____初めてです。
7. 時間がないから、行けない____思います。
8. 高尾さんは手紙____早く会いたい____書きました。
9. 日本人はよく職場の同僚____「お疲れ様」とあいさつ____します。

問題七　（　　）の動詞を適当な形にして、_____に書きなさい。

1. 「この漫画はおもしろいですか。」

「はい、ちょっと_____と思います。」（おもしろい）

2. 「敬語は簡単ですか。」

「いいえ、_____と思います。」（簡単だ）

3. 「山本さんは今日来ますか。」

「忙しいから、_____と思います。」（来る）

4. 「昨日の小テストは難しかったですか。」

「いいえ、全然_____と思います。」（難しい）

5. 「明日の天気はどうですか。晴れでしょうか。」

「星がたくさん出ているから、_____と思います。」（晴れ）

6. 「姜さんはピアノが上手でした。」

「いいえ、あまり_____と思います。」（上手だ）

7. 「王さんは引っ越ししましたか。」

「はい、もう_____と言いました。」（引っ越しする）

8. 「宋さんは高校時代まじめに勉強しましたか。」

「いいえ、全然_____と言いました。」（勉強する）

9. 「吉田さんは結婚していますか。」

「はい、_____と言いました。」（結婚する）

10. 「箱の中になにかありましたか。」

「いいえ、何も_____と言いました。」（ある）

問題八　例のように「～かどうか～」か「～疑問詞＋か～」を使って、次の文を完成させなさい。

例▶「佐藤さんは元気ですか。」

「最近全然会っていませんから、元気かどうかわかりません。」

1. このワンピースはまだ試着していませんから、_____。

2. もう一枚服を持っていったほうがいいと思います。_____から。

3. 「先生、袁さんは昔日本語の読解が上手でしたか。」

「さあ、30年も前の学生ですから、_____。」

4. 「このスカートは素敵ですね。どこで買ったのですか。」

「友達にもらったので、_____。」

5. 「このペンはいつ買ったのですか。」

「だいぶ前のことだから、_____。」

問題九 _____に何が入りますか。A・B・C・Dから一番適切なものを一つ選びなさい。

1. 疲れましたね。コーヒー_____飲みに行きませんか。
   A でも　　　　　　　B や　　　　　　　　C ほど　　　　　　D と

2. 午後7時でしたが、_____いると思って、会社に電話してみました。
   A だれが　　　　　　B だれか　　　　　　C だれも　　　　　　D だれに

3. 山田さんが何時に学校へ_____教えてください。
   A 来るか　　　　　　B 来るかどうか　　C 来ないか　　　　D 来ないかどうか

4. この本はあまり_____と思います。
   A おもしろい　　　　　　　　　　B おもしろかった
   C おもしろくて　　　　　　　　　D おもしろくなかった

5. この料理を食べたことがないので、おいしいか_____わかりません。
   A なに　　　　　　　B どんな　　　　　　C どう　　　　　　D いかが

6. 百合子さんは本当に_____かどうか、友達に聞いてみましょう。
   A 歌手　　　　　　　B 歌手だ　　　　　　C 歌手な　　　　　D 歌手の

7. 明日は風が強いと_____。台風が来ていますから。
   A 思います　　　B 思いました　　　C 思っています　　D 思いません

8. 「そのホテルは人気があるので、予約がなかなか取れないね。」
   「そうね。いつ_____かわかりませんが、いつか必ず泊まってみたいな。」
   A 泊まる　　　　B 泊まれる　　　　C 泊まられる　　　D 泊まれられる

9. 「今日の試合、見た?」
   「いや、_____。」
   A 忙しくて見えなかったんだ。好きなチームが勝ったかどうか知りたいな
   B 忙しくて見えなかったんだ。好きなチームが勝ったか勝たなかった知りたいな
   C 忙しくて見られなかったんだ。好きなチームが勝ったかどうか知りたいな
   D 忙しくて見られなかったんだ。好きなチームが勝ったか勝たなかった知りたいな

10. 「すみません。松下さん、この漢字は何_____読みますか。」
    「『しょうちゅう』ですよ。」
    A に　　　　　　　B が　　　　　　　C と　　　　　　　D を

問題十 __★__に入るものはどれですか。A・B・C・Dから一番適切なものを一つ選
びなさい。

1. そのデパートに_____ _____ __★__ _____教えてください。
   A 行く　　　　　　B が　　　　　　　C だれ　　　　　　D か

2. この_____ _____ __★__ _____と聞きました。
   A 大学で　　　B ロシア語が　　C イタリア語と　　D 勉強できる

3. ホテルの予約をしたほう＿＿＿＿　＿＿＿＿　★　＿＿＿＿、友達に聞きました。
　　A　どうか　　　　　B　か　　　　　　C　いい　　　　　　D　が

4. 「私たち、このプロジェクト、できるでしょうか。」
　　「そうですね……＿＿＿＿　＿＿＿＿　★　＿＿＿＿。やってみましょう。」
　　A　わからないと　　B　どうか　　　　C　思います　　　　D　できるか

5. 「私たちはもっと本を読んだほうがいいですね。」
　　「そうですね……私は本を＿＿＿＿　＿＿＿＿　★　＿＿＿＿思います。」
　　A　ほうがいいと　　B　人と話す　　　C　より　　　　　　D　読む

読解

問題十一　次の文を読んで質問に答えなさい。

　昨日の午後、市民図書館へ本をかえしに行きました。そこでたまたま[注1]高校時代の友達に会いました。友達も本をかえしに来ていました。私たちは自分が読んだ本の話をしました。私が読んだ本は英語の本で、題名は『トム・ソーヤーの冒険』です。友達は「『トム・ソーヤーの冒険』の映画を見たことがあるけど、本はまだ読んだことはない。その本を読んでみたい」と言って、私がかえしてから、その本を借りました。

　友達が読んだ本は村上春樹の『ノルウェイの森』です。友達は「日本で有名な本で、世界でも有名だ」と言いましたから、私も読みたくなりました。でも、私は日本語が下手ですから、まだ読むことができません。日本語が上手になったら、ぜひ読みたいと思います。

注1：たまたま／偶然

1. 「私」は図書館へ何をしに行きましたか。
　　A　友達に会いに行きました。
　　B　本をかえしに行きました。
　　C　本を借りに行きました。
　　D　勉強に行きました。

2. 「私」と友達は本を借りましたか。
　　A　「私」は『ノルウェイの森』を借りましたが、友達は借りませんでした。
　　B　「私」は『ノルウェイの森』を、友達は『トム・ソーヤーの冒険』を借りました。
　　C　「私」は借りませんでしたが、友達は『トム・ソーヤーの冒険』を借りました。
　　D　「私」も友達も借りませんでした。

3. 友達が読んだ本はどんな本ですか。

　　＿＿＿＿＿＿＿＿＿＿＿＿＿＿＿＿＿＿＿＿＿＿＿＿＿＿＿＿＿＿＿＿＿＿＿＿。

問題十二　次の文を読んで質問に答えなさい。

これは日本語学校を卒業した留学生が日本語学校の先生に書いた手紙です。

上村先生

　4月になって、だいぶ暖かくなってきました。こちらは桜が咲いて、きれいです。そちらはいかがでしょうか。

　日本語学校を卒業してから、一年が経ちました。私は仙台の専門学校で旅行会社で働くための勉強をしています。クラスの半分は日本人で、その他はいろいろな国の人です。ですから、いろいろな国の文化を知ることができます。一番好きな授業は、実習です。実習でお客様に旅行商品を紹介したり、空席状況を確認したりする練習をします。きのうは、学生たちがお客様と旅行会社の人になって練習しました。それは<u>おもしろかったです</u>。実習はずっと教室で教科書を使って勉強するより楽しいです。

　それから、半年前に仙台の旅行会社でアルバイトも始めました。仙台の言葉は学校で習う日本語と違います。たとえば、「いやだ」は「やんだ」、「すきじゃない」は「すかね」と言います。それで、アルバイトを始めたばかりのとき、<u>とても大変でした</u>。最近、やっと仙台の言葉がわかるようになってきました。学校の勉強の他に、アルバイトするのは大変ですが、仕事はおもしろいし、（　　　）と思って、頑張っています。

　これから暑くなりますから、そちらは大変だと思いますが、お体に十分気をつけてお過ごしください。

2022年4月17日
ティ

　1. 何が「<u>おもしろかったですか</u>」。

　　＿＿＿＿＿＿＿＿＿＿＿＿＿＿＿＿＿＿＿＿＿＿＿＿＿＿＿＿＿＿＿＿。

　2. なぜ「<u>とても大変でしたか</u>」。
　　　A　アルバイトをしたことがなかったから
　　　B　ホテルの仕事が難しかったから
　　　C　仙台の言葉がわからなかったから
　　　D　学校の勉強の他にアルバイトを始めたから

　3. （　　　）に入れるのに、一番いい文はどれですか。
　　　A　将来に役に立つ
　　　B　仙台に住んでいる
　　　C　いろいろな文化を知ろう
　　　D　仙台の方言を覚えよう

　4. アルバイトについて、「私」はどう思っていますか。

　　＿＿＿＿＿＿＿＿＿＿＿＿＿＿＿＿＿＿＿＿＿＿＿＿＿＿＿＿＿＿＿＿。

問題十三　声を出して読んでみましょう。

　昨日、山登りに行きたかったですが、友達が「雨が降りますから、山登りはあぶないですよ」と言いました。だから、山登りはやめて、ショッピングセンターへ行きました。そのあと、公園を散歩しました。いい天気でした。友達は「ごめんなさい。天気がよかったから、山登りへ行くことができました」と言いました。でも、私はおいしい料理を食べて、好きな服を買うことができましたから、よかったと思います。

翻訳

問題十四　次の文章を日本語に訳しなさい。

　妹妹说我们去旅行吧。我马上回答说："好啊，就这么定。"但是因为还会冷一段时间，所以决定下个月去。我想会在下个月15号左右。

　接下来，我们要决定去哪里。我想去西安。因为我觉得那里能够充分体验中国文化。但是妹妹想去能够感受到大自然魅力的地方。因为她认为处于大自然当中会对人的身心健康有好处。现在我们正犹豫去哪儿。

1. 日本語訳を書きなさい。

_____

_____

_____

_____

_____

_____

2. 中国語の原文だけを見て、声を出して日本語に訳しなさい。（日本語訳を見ないでください。）

問題十五　次の文章を中国語に訳しなさい。

　水曜日の朝、張さんから急に電話が来て、「今日は熱があって、体がだるいから、授業を休みます。すみませんが、あとで授業のノートを貸してください」と言われました[注1]。そして、今日は張さんの家に行きました。私はノートを張さんに見せて、「うまく書けたかどうかわかりませんよ。」と言いました。張さんは「真面目に書いていますね。どうもありがとう。」と言って、私の好きなチョコレートをくれました。

注1：〜と言われました／被告知……

1. 中国語訳を書きなさい。

_____

_____

_____

_____

_____

_____

2. 日本語の原文だけを見て、声を出して中国語に訳しなさい。（中国語訳を見ないでください。）

自我评价表

A完成得很好　B完成得一般　C完成得不理想

	练习	练习内容	练习目的	自我评价
课前预习	练习1	汉字标注假名	掌握日语汉字读音	A·B·C
	练习2	听写汉字	掌握日语汉字书写	A·B·C
	练习3	填写外来语	掌握外来语的书写及含义	A·B·C
	练习4	简体和敬体	了解简体和敬体的表达方式	A·B·C
课后总结	练习1	总结语法要点	巩固本课所学的语法知识	A·B·C
	练习2	使用知识要点达成交际目标	提高知识要点的实际应用能力	A·B·C
自我检测	问题一	汉字标注假名	掌握日语汉字读音	A·B·C
	问题二	假名标注汉字	掌握日语汉字书写	A·B·C
	问题三	外来语选择	掌握外来语的书写及含义	A·B·C
	问题四	词汇选择	掌握词汇的含义及用法	A·B·C
	问题五	同义句选择	掌握近义词汇及表达	A·B·C
	问题六	助词填空	掌握助词的用法	A·B·C
	问题七	简体活用	掌握简体的表达方式	A·B·C
	问题八	完成句子	掌握句型的接续及用法	A·B·C
	问题九	句子语法1（选择语法项目）	提高语法知识的综合应用能力	A·B·C
	问题十	句子语法2（组合句子）		A·B·C
	问题十一	阅读理解	提高分析、理解日语文章的能力	A·B·C
	问题十二			A·B·C
	问题十三	日语短文朗读	掌握规范的语音、语调，培养语感	A·B·C
	问题十四	汉译日	巩固所学语法、词汇，提高综合应用能力	A·B·C
	问题十五	日译汉		A·B·C